AF504370

Les 20 métiers du digital

 Julien Oudart a plus de 20 ans d'expérience en marketing digital au sein de grands groupes et start-up. Après avoir passé dix années au sein des départements marketing d'Orange et Vodafone à Bruxelles, Londres et Tokyo, Julien a participé au développement de start-up dans l'Ad tech. En 2011, il crée NukeSuite, éditeur de logiciels en social marketing qui est revendu en 2016 au groupe Webedia. Julien vit aujourd'hui à Los Angeles.

 Clément Vérité a travaillé plus de 7 ans au New York Times, notamment en tant que revenue analyst sur la stratégie de monétisation digitale. Auparavant, Clément fut content manager pour un cabinet de recrutement et a exercé comme journaliste au sein de plusieurs rédactions.

Les 20 métiers du digital

Le guide référence des métiers de l'écosystème digital à travers les témoignages de 60 professionnels dans plus de 15 pays

Julien Oudart

Clément Vérité

Sommaire

Avant-propos

Pourquoi écrire ce livre ?

Ces dernières années, le marché de l'emploi a vu apparaître de nouvelles fonctions liées à la digitalisation des entreprises : data analyst, UX manager, growth marketer pour n'en citer que quelques-unes.

Mais qui peut clairement expliquer le quotidien de chacun de ces métiers ? De quelles informations dispose-t-on pour connaître les qualités requises ? Comment peut-on mieux s'informer sur les perspectives d'évolution des fonctions ?

Il n'existe pas ou peu d'informations sur ce que sont vraiment ces métiers au quotidien, les compétences nécessaires et les perspectives d'évolution à moyen et long terme. C'est dans ce contexte et avec ces questions que nous avons travaillé sur un ouvrage dont l'objectif est de permettre à toute personne qui s'intéresse au numérique de comprendre le contenu et le quotidien de chaque fonction. Le but principal est donc de donner un maximum de clefs de compréhension aux acteurs du secteur, présents et futurs.

Il est alors paru naturel de donner la parole directement aux professionnels à travers une série d'interviews qui permettent de rentrer dans le détail de chaque métier et ainsi mieux comprendre ses évolutions à venir.

À qui s'adresse ce livre ?

Cet ouvrage s'adresse aux personnes qui veulent mieux naviguer dans le monde du numérique ou qui souhaitent le rejoindre.

La digitalisation des métiers crée de plus en plus de passerelles entre les fonctions marketing/commerciales et les fonctions techniques. Par exemple, des mathématiciens ou statisticiens peuvent être recrutés sur des fonctions relatives au traitement des data au sein d'équipes commerciales d'une start-up, tout comme un profil d'école de commerce avec des connaissances en coding peut postuler au sein d'une équipe de data analysts. C'est pourquoi plusieurs des métiers que nous avons listés peuvent intéresser aussi bien des étudiants en école de commerce, d'ingénieurs, de design, de communication, qu'en psychologie ou en matières littéraires.

Nous espérons également que cet ouvrage apporte une vraie valeur ajoutée à toutes les personnes qui travaillent déjà sur des sujets digitaux et qui veulent en savoir plus sur leur industrie, que ce soit par simple curiosité, pour améliorer leur compréhension du milieu, ou motivées par leur ambition de changer de fonction. L'industrie est en effet en constante évolution avec des opportunités nouvelles.

Dans un souci d'accessibilité au plus grand nombre, ce livre pourra être également lu par toute personne sans connaissance particulière du secteur et qui veut découvrir ce qu'est le digital à travers ses métiers.

Comment le livre a-t-il été construit ?

Du simple webmaster ou responsable internet du début des années 2000, nous sommes passés en une quinzaine d'années à une multitude de métiers au fur et à mesure que les usages, produits et services liés au digital ont gagné en maturité. Cette fragmentation des fonctions, en constante évolution, rend leur compréhension parfois difficile.

Nous avons voulu approcher la problématique à travers la vision empirique des professionnels. L'ouvrage se base donc principalement sur les dizaines de témoignages récoltés. Ils ont été choisis pour la pertinence de leurs métiers, des entreprises pour lesquelles ils travaillent ainsi que pour l'originalité de leurs témoignages. L'objectif final est de fournir à nos lecteurs des informations diverses, concrètes et pratiques sur ce que sont ces métiers au jour le jour.

L'univers du digital est mondialisé donc nous nous sommes également attachés à effectuer ces interviews dans un nombre significatif de pays (17). Les répondants travaillent pour 18% d'entre eux aux États-Unis, 18% en France, 15% en Asie ou encore 13% au Royaume-Uni. La liste détaillée est disponible en annexe de ce livre.

Le choix des métiers

La sélection des 20 métiers a fait l'objet d'un long débat, y compris avec nos contacts les plus proches du secteur avec qui nous avons échangé pour préparer ce livre.

Nous nous sommes concentrés sur les métiers les plus pertinents, selon notre expérience, et qui représentent un volume d'emploi significatif dès maintenant ou dans un futur (très) proche.

Cette liste est, bien entendu, non exhaustive. Certains seront déçus. Nous avons parfois regroupé des métiers sous une même terminologie pour couvrir un maximum de profils.

Le marché du digital

Après avoir vu le jour à la fin des années 1990 et avoir grandi dans les années 2000, on peut estimer que les activités autour du digital, en tout cas ses pratiques et l'ensemble des acteurs qui le constituent, ont atteint un degré de maturité certain ces dernières années.

L'activité s'est clairement structurée autour d'un certain nombre d'acteurs : les détenteurs d'audience (groupes médias ou « *publishers* » et plateformes), les agences, les fournisseurs de solution comme les logiciels, les groupes industriels, les acteurs du retail comme les marques de grande consommation, les recruteurs, les organisations publiques, les investisseurs, etc.

On peut parler de prépondérance du digital grâce à l'influence de 5 phénomènes :

- **L'avènement de la technologie** : entre les années 1960 et 2000, la technologie impactait déjà nos quotidiens via des applications domestiques (électroménager, HI-FI) ou dans les transports (train, avion, voiture). Certaines tranches de la population étaient même déjà devenues accros à des outils technologiques tels les appareils photos japonais qui ont déferlé sur le monde à partir des années 1980. Malgré cela, la technologie, notamment liée à l'électronique, était un univers encore éloigné pour la majorité d'entre nous jusque dans les années 2000. Les choses vont ensuite s'accélérer, notamment à partir de la commercialisation de l'iPhone qui va mettre la technologie dans la poche du plus grand nombre. Les arrivées simultanées des contenus (www), des contenants (réseaux à hauts débits) et des réceptacles (exemple de l'iPhone) font que, non seulement l'usage et la consommation de la technologie explosent, mais qu'elle devient aussi un sujet quotidien de lecture ; de discussion et d'attention. Nous sommes passés d'un concept distant pour la plupart, à un élément prégnant pour tous.

- **La démocratisation des usages** : avec la diffusion des technologies, le grand public s'est emparé de cet univers, avec l'arrivée de produits simples à utiliser offrant une réelle valeur ajoutée. Les applications technologiques requièrent des investissements colossaux dès le départ, ce qui a favorisé le développement d'acteurs (principalement américains et asiatiques à date) qui sont devenus en quelques années des acteurs globaux. Ces géants ont les moyens de favoriser le déploiement commercial rapide de ces applications. En conséquence, un nouveau produit lancé aujourd'hui peut être utilisé par plusieurs millions d'utilisateurs une ou deux années seulement après son lancement à grande échelle. Il y a par exemple déjà 2,5 milliards d'assistants vocaux utilisés dans le monde (en incluant ceux installés dans les téléphones). Enfin, il est également intéressant de noter que cette diffusion d'applications technologiques a pu développer un appétit grandissant pour les prochaines innovations à venir. De ce fait, les prochains domaines d'applications qui pourront faciliter la vie voient arriver de nouveaux acteurs s'immiscer dans un secteur d'activités et intéressent le grand public : la voiture autonome et le transport, la santé, l'écologie ou l'éducation par exemple.

- **La prolifération des données** : l'utilisation d'outils technologiques par le plus grand nombre a créé un développement exponentiel de la production de données. Le cabinet de conseil CGI estime ainsi qu'il y aura 175 zettabytes (milliards de milliards) de données produites en 2025, contre 33 zettabytes en 2018. Toutes les marques veulent désormais être capables d'identifier, collecter, stocker, analyser ces fameuses data pour mieux les exploiter. Une des explications de cette explosion tient à la pression économique pendant la période de crise de 2008 à 2014 qui a poussé les entreprises à se rapprocher encore plus de leurs clients en développant fortement les métiers d'acquisition, de relation et service clients. L'appétit pour l'utilisation des informations récoltées a fait naître ces dernières années un nouveau groupe de métiers autour des data, qui sont eux-mêmes repensés en permanence avec l'introduction de nouvelles réglementations sur la vie privée. Ces nouvelles règles telles que le RGPD (Règlement Général sur la Protection des Données) en vigueur au sein de l'Espace économique européen, le e-Privacy en Suisse ou le Consumer Privacy Act en Californie ont pour but premier la protection de la vie privée des utilisateurs. Ces règles ont renforcé l'attention déjà grandissante portée sur les data. Elles ont aussi participé à la création ou la réinvention d'emplois : CPO (Chief Privacy Officer), CRM manager ou data scientist.

- **La concentration des investissements** : le paysage du financement de l'innovation a complètement changé ces 5 dernières années. Le nombre d'acteurs (notamment les fonds d'investissement) et les montants injectés ont explosé pour atteindre des niveaux jamais vus. Les politiques publiques des pays les plus engagés (exemple de Bpifrance et de son label French Tech) ont suivi le mouvement en accompagnant de plus en plus de start-up. Enfin, le monde corporate, le plus souvent pour répondre à sa peur de manquer le bon train, a également accéléré sur le sujet. On ne compte plus le nombre d'incubateurs et d'accélérateurs lancés par les acteurs de tous les secteurs : assurance, banque, transports, retail, cosmétique… Combiné à d'autres facteurs tels que l'envie grandissante des plus jeunes d'entreprendre, cela a eu un impact direct sur le nombre de start-up et d'emplois créés ces dernières années. On constate la même tendance dans l'ensemble des pays les plus développés. C'est un mouvement global initié aux États-Unis qui s'est propagé en Asie, en Europe et maintenant en Afrique. On note d'ailleurs que sur l'ensemble de ces régions, des levées de fonds de type série C (pour 50M€ et plus) permettent désormais l'émergence de start-up dont certaines deviennent des licornes recrutant parfois plusieurs dizaines de milliers d'employés sur des périodes très courtes de 2 à 4 ans.

- **L'adaptation du système éducatif** : aucun écosystème innovant et performant ne peut être construit sans un système d'enseignement supérieur de qualité.

D'ailleurs, toutes les grandes « *Digital Valleys* » ont été construites autour d'une ou plusieurs universités de renom - la Silicon Valley aux États-Unis avec Stanford, en Inde avec l'université de Bangalore (BU) ou en Chine avec l'université de Shenzhen (SZU). Dans l'ensemble des universités ou écoles dans le monde, des cursus en marketing digital ont été ouverts et de plus en plus d'intervenants du monde professionnel viennent restituer une partie de leurs connaissances auprès un nombre croissant d'élèves intéressés par l'univers des start-up. On constate par ailleurs que les étudiants des écoles de commerce ont désormais l'opportunité de se former ou d'apprendre les bases du code via des formations publiques ou privées. De la même façon, les étudiants en école d'ingénieurs ont accès à des doubles diplômes en marketing ou peuvent s'orienter vers des métiers plus orientés « *clients* », tels que data analyst ou product owner. Certaines initiatives comme l'école 42 à Paris (et désormais dans une dizaine d'autres pays) enseignent même des façons de travailler plus collaboratives, proches de ce qui peut se faire en entreprise.

Tous les acteurs de l'écosystème, qu'ils soient « *digital native* » ou acteurs historiques, ont désormais conscience de l'impact du digital. Ils se sont par conséquent engagés dans la création de nouveaux modèles autour de produits et services digitaux ou ont initié leur transformation digitale. Ceci a évidemment eu un effet important sur les expertises recherchées et sur les créations d'emplois. Le nombre de jobs en SEO (Search Engine Optimization) et en content marketing ont respectivement augmenté de 43% et de 33% entre 2018 et 2019.

Les métiers

Pour essayer d'avoir une vision aussi pertinente et exhaustive que possible des 20 métiers du digital, nous avons défini une matrice assez simple schématisant l'industrie du numérique en 5 groupes d'acteurs :

- **Les marques** : qu'elles soient des marques grand public ou des commerçants, leur objectif est de toucher les audiences pertinentes pour améliorer leur notoriété et convertir les prospects en clients.

- **Les fournisseurs de technologie** : les éditeurs de logiciels et autres solutions techniques.

- **Les prestataires de services** : les agences de communication et les sociétés de conseil, notamment en informatique.

- **Les détenteurs d'audience** : les groupes médias et les plateformes comme les GAFA.

- **Les recruteurs et investisseurs** : ces autres métiers ont vu leur quotidien bouleversé par l'arrivée du digital.

La matrice des métiers

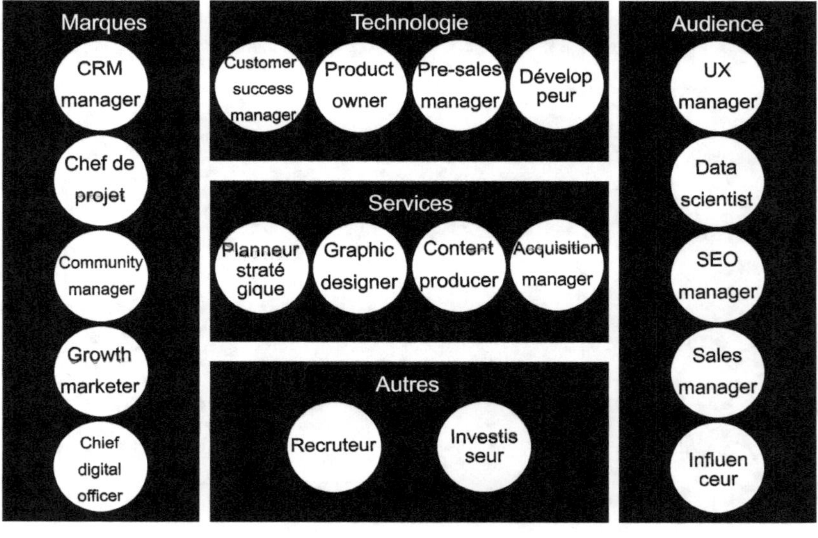

Voici la description synthétique de chaque métier :

- **CRM manager** : responsable de la qualité et de l'exploitation des données clients et de ses interactions.
- **Chef de projet** : responsable du lancement et du suivi de projets.
- **Community manager** : stratégie sur les réseaux sociaux et animation des communautés.
- **Growth marketer** : en charge du content marketing et de la génération de leads.
- **Chief digital officer** : responsable de l'intégration du digital sur l'ensemble des fonctions de la société.
- **Customer success manager** : entre chef de projet et account manager, responsable du bon déroulé du projet et du renouvellement du contrat client.
- **Product owner** : responsable du développement et du suivi du produit dans les directions marketing ou chez les éditeurs de solutions digitales.
- **Pre-sales manager** : entre responsable produit, stratégiste et commercial, son métier est d'être la « *caution* » produit auprès des équipes commerciales.
- **Développeur** : développeur informatique - front, back et architectes.
- **Planneur stratégique** : définit des plans de communication, en agence, régies, trading desks. Aussi planneurs, acheteurs ou traders média.
- **Graphic designer** : graphiste dans le milieu du digital.
- **Content producer** : production de contenu (texte, photo, vidéo, audio…).
- **Acquisition manager** : gestionnaire de campagnes marketing notamment pour l'acquisition de nouveaux clients.
- **UX manager** : responsable des interfaces et de l'expérience utilisateur.
- **Data scientist** : responsable des données, de l'architecture à l'analyse, chez les marques, éditeurs et agences. Aussi data analysts.
- **SEO manager** : optimisation du référencement et génération de trafic dit organique.
- **Sales manager** : fonction commerciale au sein d'agences, régies ou éditeurs de solutions tech.
- **Recruteur** : spécialisé en nouvelles technologies, fonctions IT et start-up.
- **Investisseur** : analyste en fonds d'investissement ou banque d'affaires.
- **Influenceur** : personne qui a développé une audience personnelle, principalement sur les réseaux sociaux et qui la monétise auprès des marques.

En construisant cette matrice et cette liste de métiers, il est nécessaire de souligner plusieurs partis pris :

- Nous nous sommes concentrés sur des fonctions opérationnelles et nous avons délibérément choisi de ne pas analyser la plupart des fonctions de direction.

- La liste n'inclut pas le métier d'entrepreneur dans les nouvelles technologies. L'entrepreneur est un touche-à-tout dont le quotidien se retrouvera au croisement de plusieurs de ces métiers.

- Chaque fonction peut être très différente selon la société dans laquelle elle est exercée. Ainsi, un poste de sales manager au sein d'un éditeur de logiciels et d'un groupe médias présentent des approches, processus et interlocuteurs côté clients qui sont très différents. Pour illustrer cette diversité, nous avons essayé d'interviewer des profils représentatifs de cette diversité.

- Tous les métiers présentés ne sont pas 100% digitaux. Mais avec la forte accélération de la digitalisation des entreprises, tous secteurs confondus, ces fonctions sont de plus en plus orientées vers des problématiques liées au numérique et à l'utilisation de ses outils.

- L'organisation du travail et des entreprises évolue, à travers le développement du télétravail par exemple. Il est important de souligner que toutes ces fonctions peuvent être exercées au sein de structures mais également, pour la plupart, en tant que freelance ou en home office. C'est d'ailleurs pour cette raison que plusieurs des interviews ont été effectuées auprès d'indépendants.

- Nous ne parlerons pas des salaires car ceux-ci varient énormément d'un pays à l'autre en fonction des coûts de la vie de chacun.

- L'objectif de cet ouvrage est aussi de clarifier l'intitulé de chacune des fonctions dans un écosystème pas encore tout à fait mature où il est courant de trouver plusieurs appellations différentes pour un même métier. Nous prenons délibérément le parti d'utiliser les termes les plus courants dans un secteur où les expressions anglo-saxonnes sont souvent la norme - par exemple product owner ou product manager au lieu de chef de produit.

Les interviews ont été éditées et condensées par souci de clarté.

#1 CRM manager

« Il y a actuellement beaucoup de profils marketing en CRM mais nous verrons de plus en plus de profils techniques à des postes de management. »

David Martin, Cabify

Le customer relationship manager cherche à fidéliser et accroître les ventes auprès de sa clientèle dont les points de contact se font de plus en plus sur le digital.

Il est responsable de la stratégie de collecte et de l'analyse de la base de données clients, centralisée dans un outil CRM (Customer Relationship Management), puis de son exploitation. Cela permettra, entre autres, de lancer des campagnes promotionnelles (par e-mail ou SMS par exemple), de mettre en place des programmes de fidélité, de reciblage ou d'augmenter l'interaction entre la marque et le client. Ces dernières années, le métier de CRM manager a pu évoluer par :

- L'utilisation de données « *extérieures* » provenant de tiers afin d'avoir une vision plus large du marché et une plus grande richesse dans le ciblage. Cependant, avec l'entrée en vigueur des nouvelles législations sur le respect de la vie privée type RGPD, les données propriétaires, ou 1st party, (re)deviennent centrales dans les stratégies CRM des marques.

- Une tendance forte à consolider les données « *identifiées* » (principalement via la collecte d'un e-mail ou numéro de téléphone) avec les données « *non-identifiées* » (sur la base du comportement sur un site par exemple) au sein de CDP (Customer Data Platform).

Ceci signifie que les équipes CRM et médias (achats publicitaires) sont amenées à travailler de façon de plus en plus étroite dans les organisations. Les données disponibles sur des clients existants permettent de construire des profils et des comportements d'achat utiles, parfois aidés par des prédictions statistiques. Cela permet de constituer des audiences « *lookalike* » (similaires), afin de capter une nouvelle clientèle, via les leviers organiques (ex : newsletter) ou payants (ex : Facebook ads). C'est un exemple de « *data onboarding* »

Il faut donc noter que, bien qu'il contienne le mot « *client* » dans son poste, le CRM inclut généralement la gestion des bases de prospects (et pas seulement des clients). On peut alors parler de PRM, ou prospect relationship manager.

Jose Manuel Martin Sanchez
Titre : CRM manager
Entreprise : Fnac
Ville : Madrid
Âge : 43 ans

Qu'est-ce qu'un bon CRM manager ?

Jose Manuel : Le CRM est l'analyse des ventes et la compréhension du comportement client afin d'adapter la stratégie de communication de l'entreprise. Je pense qu'il faut se concentrer sur le comportement, et non sur ce que les consommateurs nous expriment, car les dernières études en neuroscience suggèrent que 70% de notre comportement d'achat se fait inconsciemment.

Comment mesurez-vous votre succès ?

Jose Manuel : Avec la satisfaction client. L'un des KPI (Key Performance Indicator) les plus pertinents est le NPS (Net Promoter Score), qui donne le niveau d'appréciation de notre marque au sein de la base clients. On utilise aussi la fréquence d'achat, le panier moyen, le taux d'attrition, etc.

Quels profils appréciez-vous pour faire un bon CRM manager ?

Jose Manuel : Les équipes sont très diverses mais je pense que le CRM repose sur 3 composantes essentielles : la technique (IT), l'analytique et l'opérationnel (comme les brand managers, les layout designers, etc.). Du fait de l'importance des data dans les prises de décisions, j'aime les candidats avec un solide bagage en statistiques ou mathématiques et de bonnes connaissances techniques pour anticiper les difficultés à implémenter les projets car l'importance de la technologie grandit de manière exponentielle. Il devient essentiel de savoir utiliser les systèmes de gestion de bases de données, les outils de business intelligence comme Microstrategy, Oracle BI, Google Analytics, ainsi que les différents canaux de communications, les outils d'e-mail marketing - Salesforce, Eloqua, Neolane, etc.

David Martin
Titre : Head of CRM
Entreprise : Cabify
Ville : Madrid
Âge : 44 ans

Quel est votre métier ?

David : Cabify est une application mobile de covoiturage en Espagne et mon objectif est d'améliorer l'engagement des utilisateurs avec nos services par l'intermédiaire de campagnes de communication. Je suis en charge de tous les canaux de communication que ce soit les e-mails, les notifications push, les messages dans l'application ou les SMS. Nous travaillons sur chaque étape du cycle de vente du client pour toutes les audiences, du conducteur au covoituré.

Quels outils et services utilisez-vous au quotidien ?

David : Chez Cabify nous utilisons énormément Braze, un logiciel CRM qui facilite la conversation pour interagir avec les clients. Nous travaillons avec Tableau, un outil d'analyse et de visualisation des données et Trello pour organiser et gérer nos projets.

Quels sont les prochains gros challenges pour le CRM ?

David : Je pense que la communication avec ses clients sera toujours importante. L'intelligence artificielle prend de plus en plus de place dans ce secteur et je pense qu'il faut savoir tirer profit de cette technologie, en aidant les machines à en apprendre le plus possible. Par ailleurs, il faudra posséder des capacités techniques et analytiques car le challenge va être de conjuguer la technique avec la partie stratégique et créative du marketing. Aujourd'hui, il y a beaucoup de profils marketing qui gèrent ces services mais nous verrons de plus en plus de profils techniques à des postes de management.

#2 Chef•fe de projet

« Si vous avez mené un projet du début à la fin, en gérant différentes compétences et personnalités, vous pouvez vous appeler chef de projet. »

Carolina Nishino, MediaMonks

Le rôle d'un chef de projet est, tel un chef d'orchestre, celui d'un coordinateur. L'objectif est de mener à bien une opération sur quelques jours ou plusieurs mois. Le chef de projet est garant de la pertinence et la bonne exécution du projet.

Ce poste peut se trouver dans à peu près toutes les organisations (marques, agences, prestataires). Il est important de connaître précisément les missions à réaliser car le métier peut être d'une nature totalement différente d'un poste à l'autre.

La méthode Agile, qui consiste à découper le projet en plusieurs morceaux réalisables indépendamment, est devenue depuis quelques années le mantra des chefs de projet qui en sont les « *scrum masters* », littéralement les maîtres de la mêlée. Le chef de projet n'a souvent pas de pouvoir hiérarchique avec ses interlocuteurs et doit donc utiliser ses « *soft skills* » afin d'influencer les parties prenantes et faire respecter le cahier des charges. Il devra aussi faire preuve de rigueur pour s'assurer que le projet soit livré tel que défini initialement et dans les délais impartis. Le rôle de chef de projet requiert une bonne connaissance des outils du marché : MS Project, Slack, Jira, ou Trello par exemple.

Le manque de temps et de moyens financiers, les dissonances entre le concept et sa réalisation seront des obstacles récurrents à surmonter.

Le métier est accessible à beaucoup de profils. En contrepartie, il faudra souvent faire face à une forte concurrence sur un poste ouvert. Avec un métier moins spécialisé techniquement, ses possibilités d'évolution sont ainsi plus larges mais moins linéaires.

Laura Delange
Titre : Chef de projet digital
Entreprise : AccorHotels
Ville : Paris
Âge : 31 ans

Pouvez-vous décrire votre métier en quelques mots ?

Laura : Je suis chef de projet digital dans le service Développement de la valeur client, au sein du programme de fidélité du groupe AccorHotels. L'objectif principal de l'équipe est de fidéliser les clients et de les faire revenir dans nos hôtels. Afin de développer la valeur de chacun des membres de notre programme de fidélité, je définis des offres en fonction de la cible et mets en place un plan de communication adapté. Mes objectifs sont de lancer les campagnes en respectant les délais et budgets définis et en garantissant un parcours client adapté. Les principales tâches qui occupent mon quotidien sont le pilotage des agences de communication et de traduction (30%), la coordination avec nos équipes à l'international (20%), la rédaction de contenus (e-mail, push app, bannières publicitaires web, 20%), la création des supports de communication (20%) et le test des parcours clients (10%).

Quels outils utilisez-vous ?

Laura : Le Pack Office (Microsoft Word, Excel, Powerpoint), un système de gestion de contenu (Adobe Experience manager, Wise), puis Adobe Photoshop.

Comment voyez-vous évoluer ce poste ?

Laura : Ce poste évolue grâce aux méthodes agiles et tend vers toujours plus de réactivité et de flexibilité pour qu'un projet soit découpé en mini projets avec des délais de réalisation plus courts.

Solana Dominguez
Titre : Project manager
Entreprise : Cognizant
Ville : Buenos Aires
Âge : 47 ans

Pouvez-vous décrire votre travail ?

Solana : En tant que project manager, mes responsabilités sont de planifier les réunions journalières entre les équipes et le client, s'assurer que le client valide le travail effectué, gérer les risques et assurer le suivi des équipes techniques. Les réunions sont ce qui prend le plus de temps et ce qui est le plus important dans mon travail. Il faut rendre compte des progrès du projet, annoncer les changements à opérer. Je dois aussi extraire des rapports, compléter l'Issue log (liste récapitulative des problèmes rencontrés et leurs solutions) et mettre à jour la documentation. J'utilise Microsoft Excel, les agendas (pour créer des meetings et des rappels) et les post-its (ça semble très old school mais j'en utilise beaucoup !).

Quelles sont vos expériences et quel est le profil d'un bon candidat ?

Solana : J'ai un bachelor dans le domaine de l'art. J'ai commencé en tant que secrétaire, puis j'ai intégré IBM où j'aidais les chefs de projet dans leur travail jusqu'à ce que je sois promue project manager. Un bon candidat doit avoir plusieurs qualités telles que le leadership, une excellente communication, de l'efficacité, l'attention aux détails, la ponctualité, la proactivité, etc.

Comment vous voyez-vous évoluer dans ce métier ?

Solana : L'univers de la gestion de projet est immense. Les méthodes de travail changent constamment, donc je me vois apprendre et me former sur des nouvelles méthodologies.

Carolina Nishino
Titre : Project manager
Entreprise : MediaMonks
Ville : São Paulo
Âge : 26 ans

Quel est votre background ?

Carolina : J'ai une formation en product design, ce qui m'a donné l'habitude de travailler de manière itérative pour arriver au rendu voulu. Je suis de facto devenue project manager. En fait, si vous avez mené un projet du début à la fin, en gérant différentes compétences et personnalités, vous pouvez vous appeler chef de projet.

Avec qui et comment travaillez-vous ?

Carolina : Je rends compte de mon activité en permanence au client et à mon supérieur dans ma société. Mais je travaille aussi en continu avec toutes les fonctions nécessaires : les designers, architectes, illustrateurs, développeurs, copywriters, les responsables des tests, etc. Ensuite, mon job requiert l'utilisation de beaucoup d'outils, qui évoluent en permanence : Asana, BaseCamp pour la gestion de projet, Sketch ou Figma pour le design par exemple.

Quelles vont être les grandes tendances de votre métier ?

Carolina : Je crois que les bons chefs de projet sont des généralistes qui ont la capacité à toujours garder la « *big picture* » en tête, même s'il faut parfois se spécialiser dans un domaine. Les machines nous aident à exécuter plus vite mais je ne crois pas qu'elles auront la capacité à remplacer ce profil de chef d'orchestre.

Carlo Mobrack
Titre : Project manager
Entreprise : IBM
Ville : Paris
Âge : 47 ans

Que faites-vous au jour le jour dans votre fonction ?

Carlo : Je divise mon temps entre les réunions de projets, la création de rapports techniques, le planning des ressources, les réunions avec le management et l'analyse des data ou les statistiques du projet.

Quelles qualités sont requises pour ce job ?

Carlo : Je dirais des qualités humaines de patience, la capacité à gérer les clients mécontents et garder le sourire ! Il est nécessaire de savoir communiquer, savoir manager des équipes, garder un certain sens commun. Les connaissances techniques sont utiles sans être primordiales.

Que vous voyez-vous faire dans les années à venir ?

Carlo : Je me vois bientôt partir en retraite anticipée ! Sinon, plus globalement, ma fonction de project manager est de plus en plus régie par la bonne maîtrise des principaux outils du marché.

#3 Community manager

« Je pense que les réseaux sociaux auront un plus grand rôle à jouer sur les décisions pour diriger les entreprises dans le futur. »

Georgia Ingram, Debenhams

Le rôle du community manager est de recruter et animer la communauté d'une marque et de gérer ses interactions publiques avec ses audiences, comme les fans ou les followers sur les réseaux sociaux.

Il véhicule l'identité et l'image que la marque souhaite mettre en avant. C'est un poste qui est né avec le développement des audiences sur les réseaux sociaux et qui demande plusieurs qualités différentes :

- Avoir une forte expertise des plateformes sur lesquelles il va devoir travailler : Facebook, Instagram, Snapchat, LinkedIn pour les acteurs du B2B (Business to Business)...

- Avoir une excellente compréhension de la stratégie de la marque dans son ensemble et des équipes avec qui il va devoir travailler : marketing, service client, CRM...

- Savoir être créatif pour faire ressortir la marque. La culture, générale et digitale, sont des pré-requis.

- Faire preuve d'une grande rigueur, car tout ce qui est publié devient public. La qualité du travail du community manager doit se retrouver notamment dans les contenus qui sont produits et publiés. Être CM, ce n'est pas juste passer sa journée sur Facebook, c'est être rigoureux, bien traiter les retours de la communauté et coller aux valeurs de la marque.

En conséquence, ce poste est de plus en plus internalisé et non géré par une agence. Le community manager est souvent issu d'une formation en communication.

L'évolution constante des plateformes et l'apparition de nouveaux réseaux sociaux (TikTok) fait que community manager est aussi un métier qui évolue constamment. Il faut enfin distinguer le rôle de community manager, qui se concentre sur la production et distribution des contenus et du social media manager qui est généralement un profil plus sénior, dont le rôle consiste à prendre du recul sur la stratégie et les moyens à mettre en place.

Georgia Ingram
Titre : Social media manager
Entreprise : Debenhams
Ville : Londres
Âge : 26 ans

Pouvez-vous décrire votre travail ?

Georgia : Je gère les budgets de communication et de création de contenus sur les réseaux sociaux, je mets en place la stratégie et suis la livraison des campagnes sur tous les canaux de diffusion. L'objectif est d'augmenter l'engagement et le nombre de followers de la marque. Au jour le jour, je gère le calendrier de publication sur les réseaux, travaille sur les concepts et la stratégie. Je collabore avec les agences : médias, création de contenu, influenceurs. Je gère aussi mon équipe et suis sous la direction du head of marketing.

Quelles sont les qualités requises pour votre poste ?

Georgia : La capacité à communiquer bien sûr, puis la créativité et le leadership.

Quel conseil donneriez-vous à un novice ?

Georgia : Le social media est une fonction qui sert tous les domaines de l'entreprise, des ressources humaines au développement produit. Il est donc important de comprendre ce que tout le monde fait et leur donner une couverture nécessaire sur les réseaux sociaux, tout en restant diplomate et en donnant la meilleure histoire au client. Le contenu est roi. Il est impératif de savoir ce qui fonctionne et ne fonctionne pas, d'où l'importance du suivi. Les réseaux sociaux prennent de plus en plus de place, et je pense qu'ils auront un plus grand rôle à jouer sur les décisions pour diriger les entreprises dans le futur.

Ariel Cruz Pizarro
Titre : Community manager
Entreprise : Freelance
Ville : Santiago du Chili
Âge : 28 ans

Quel est votre métier ?

Ariel : J'exerce deux fonctions pour deux entreprises différentes. Je tiens un blog sur les tarifs des transports chiliens, Recorrido, et je suis community manager pour l'entreprise Buses Transantin. Dans les deux métiers, je suis freelance et je travaille la plupart du temps seul.

Quels sont vos objectifs ?

Ariel : Le but du blog est de créer du contenu de qualité pour la marque afin d'avoir plus de visites. Nous résolvons les possibles inquiétudes des clients. Nous vendons des tickets de bus, donc nous écrivons sur les différentes compagnies de transport, les lieux touristiques, etc. Pour la partie community management, l'objectif est d'informer sur les horaires de nos trajets, et rendre compte de la qualité de l'intérieur des cars, des services proposés ainsi que de pouvoir répondre à toutes leurs questions.

Quelles sont les qualités requises pour votre métier ?

Ariel : Il faut de l'empathie pour se mettre à la place des voyageurs sans avoir été dans la même situation qu'eux et pour comprendre ce qu'ils attendent de savoir. Il faut être créatif pour rester amical. Des bonnes qualités rédactionnelles et visuelles, en sachant prendre de bonnes photos, est important. Il faut aussi savoir être patient. Enfin, mon plus grand avantage est que je connais bien l'industrie dans lequel je travaille. Ce serait mon conseil : bien apprendre le marché pendant les premiers mois sur le poste.

Javier Del Campo
Titre : Social media strategist
Entreprise : World Wide Web Digital
Ville : Madrid
Âge : 36 ans

Quel est votre rôle chez WWW Digital ?

Javier : WWW Digital est une agence social media au sein de laquelle je crée des stratégies digitales au sens large, mais qui utilise énormément les réseaux sociaux. Une fois le projet lancé, je suis également responsable de la relation globale avec le client.

En quoi consiste une journée type ?

Javier : Je dirais que mon rôle se partage en 5 tâches principales : la supervision du travail de nos community managers, la création de rapports pour nos clients, l'organisation des tâches pour l'équipe et le suivi des budgets et contacts clients. Pour cela, j'utilise un certain nombre d'outils tels que Asana, Slack ou Hootsuite.

Quel conseil donneriez-vous à un novice ?

Javier : Je dirais la même chose que Matt Damon dans *Seul sur Mars*, qui survit après plusieurs années passées sur cette planète. En rentrant, un étudiant lui demande comment il a résolu tous ses problèmes pour réussir à s'en sortir et il lui répond : en les prenant un par un. Je dis la même chose aux nouveaux employés.

#4 Growth marketer

« Il faut avoir l'état d'esprit "growth", c'est à dire toujours fouiller pour trouver des nouveaux leviers et les tester. »

James Arnall, Perkbox

Le métier est d'abord apparu aux États-Unis au début des années 2010 sous la dénomination de growth hacker, faisant ressortir le fait que ce job repose avant tout sur la capacité à ouvrir le champ des possibles en exploitant les limites de certaines technologies (e-mails, LinkedIn), en d'autres termes les « *hacker* ». Puis, à mesure que ce type de métier s'est répandu dans les organisations, le terme plus politiquement correct de growth marketer a prévalu. Il n'empêche, comme le définit ci-dessous Brice Maurin de Deux.io, le growth marketing « *est la méthode Agile appliquée au marketing* ». C'est être capable de travailler en étant flexible et en mode itératif : en utilisant les résultats pour constamment améliorer le service. Cela sous-entend aussi d'être toujours au courant des dernières technologies et outils disponibles pour repousser les frontières du marketing personnalisé.

Growth marketer est un métier récent qui a été créé par des start-up qui proposent des outils SaaS (Software As A Service). Leur but était de développer des méthodes efficaces, des « *quick wins* » souvent à la limite de la légalité, pour développer le nombre de clients à moindre coût, donc sans forcément passer par des campagnes d'acquisition payantes (paid media) et les leviers classiques que peuvent être Google ou Facebook ads.

Le métier s'étend aujourd'hui à tous les types d'organisations comme les agences qui recrutent de plus en plus ce genre de profils pour accompagner leurs clients, ou directement au sein des directions marketing des entreprises qui souhaitent apporter de l'agilité au sein de leurs équipes de marketing digital. Il gravitait jusqu'à récemment essentiellement dans le B2B.

Le cœur de métier du growth marketer s'accompagne en général de stratégies d'inbound marketing, qui consistent à attirer des audiences par la création et la diffusion de contenu, et de marketing automation. On peut par exemple penser à la constitution de bases de données couplée à une stratégie d'acquisition dans un mode push, séquencé et multi-canal.

Puisque ce nouveau métier est à la croisée de la technologie et du marketing, il requiert très souvent des profils hybrides, soit des ingénieurs qui se sont intéressés aux méthodes de marketing en ligne, ou le plus souvent des marketers du digital qui se sont formés aux bases du développement (coding, architecture et gestion de bases de données, compréhension des protocoles).

Le poste nécessite de très bien connaître les outils web les plus populaires (ex : LinkedIn, Facebook) mais aussi une myriade de nouveaux outils web (ex : Segment.io, Lusha, Drift...) qui fleurissent chaque mois. Il faut faire énormément de veille sur les dernières tendances et tester très régulièrement de nouvelles solutions. On a vu ces dernières années se développer des formations de growth marketer à destination des professionnels du marketing.

Jean-Baptiste Trahin
Titre : Senior product & growth manager
Entreprise : Adobe
Ville : San Francisco
Âge : 31 ans

Pouvez-vous nous en dire plus sur votre parcours ?

JB : J'ai commencé par être commercial dans le secteur de la finance, puis pour un accélérateur de start-up. Après avoir créé ma propre boîte, j'ai rejoint Twenty20, une start-up américaine, qui s'est fait racheter par Envato. J'ai ensuite intégré Adobe où je suis senior product manager of growth depuis 2 ans. Je travaille sur les stratégies d'engagement et de rétention pour la suite de produits Photoshop.

Que faites-vous au quotidien ?

JB : J'analyse les data de ce que nous testons, vérifie comment avancent les projets avec mes collègues, essaye de résoudre les problèmes que nous rencontrons. Je cherche des idées pour les prochaines choses à tester et communique notre roadmap à nos partenaires.

Quels conseils donneriez-vous aux futurs GM ?

JB : Commencez en bas de l'échelle. Trouvez une start-up qui vient de lever un peu d'argent pour avoir la chance de tout construire et apprendre. Aimez ce projet, soyez fiers de vos erreurs, les partager, en parler autour de vous et toujours apprendre, apprendre.

James Arnall
Titre : Directeur marketing
Entreprise : Perkbox
Ville : Londres
Âge : 31 ans

Pouvez-vous nous décrire votre métier ?

James : Perbox fournit des solutions d'avantages employés pour les PME. Nous recrutons nos clients uniquement via le web. Je gère une équipe de 25 personnes qui développe et met en place nos stratégies marketing mais surtout d'acquisition clients et donc de développement du CA. Je suis sous la responsabilité hiérarchique du chief operating officer de la société et travaille de façon très proche avec nos commerciaux qui récupèrent les leads que nous générons en ligne.

Quelles sont les qualités d'un bon growth marketer ?

James : Faire preuve d'empathie et savoir rester calme quand la situation se tend. Mais surtout, il faut avoir l'état d'esprit « *growth* », c'est à dire toujours fouiller pour trouver de nouveaux leviers et les tester.

Comment voyez-vous votre fonction évoluer ?

James : Perkbox lance ses activités dans plusieurs pays en 2020, donc c'est assez excitant. Nous allons devoir appliquer nos méthodes sur de nouveaux marchés et il se peut que je me concentre sur un ou plusieurs marchés prioritaires. Sur le long terme, je lancerais peut-être ma propre start-up, mais sur les prochaines années, j'ai encore plein de choses à mettre en place et à apprendre au sein des équipes Perkbox.

Brice Maurin
Titre : CEO
Entreprise : Deux.io
Ville : Paris
Âge : 38 ans

Comment définiriez-vous le métier de growth marketer ?

Brice : Deux.io a été une des premières agences de growth marketing lancées à Paris. Nous avons vu l'évolution du marketing digital ces 5 dernières années. Il y a d'un côté la gestion de groupes ou communautés (ce que j'appelle le broadcast ou community management) et, de l'autre côté, le personalized marketing (ou Unicast) qui permet de communiquer avec ses prospects et clients de façon ciblée et personnalisée. Le growth marketing, c'est la capacité à utiliser les data et les outils pour accélérer cette personnalisation du marketing à moindre coût.

Que fait un growth marketer toute la journée ?

Brice : Le growth marketing est la méthode Agile appliquée au marketing. Il faut donc constamment être en mode veille et « *test* ». Les premiers essais sont faits manuellement, puis le but est d'automatiser via des outils dès que le modèle a prouvé son efficacité. Dans mes équipes, il y a 3 types de profils : celui qui définit et valide la stratégie et les actions à mener avec le client, les opérationnels qui vont identifier les solutions, les mettre en place et les tester, et enfin les profils les plus tech qui vont développer des outils pour « *scaler* » (étendre) ces solutions.

Comment va évoluer le growth marketing ?

Brice : Le growth marketing est une méthode et un état d'esprit avant d'être une fonction. Cette méthode est progressivement en train d'imprégner toutes les fonctions de l'entreprise, car seules celles qui vont devenir agiles vont survivre. Le growth marketer n'existera plus en tant que tel dans 5 ans, il aura essaimé en plusieurs fonctions comme le growth strategist ou le growth campaign manager au sein des directions marketing.

#5 Chief digital officer

« Être CDO est avant tout un état d'esprit qui permet de connecter l'humain, la technologie et les enjeux business. »

Omar Odino, Design Group Italia

Le CDO, ou chief digital officer, peut recouvrir des périmètres et responsabilités différents selon l'entité dans lequel il évolue. Il peut être uniquement responsable du développement du business chez un pure player digital, type e-commerçant. Le plus souvent, il a de plus larges responsabilités dans des sociétés établies au business model plus traditionnel et est alors responsable de la transformation digitale au sens large du terme, à tous les niveaux de l'organisation (RH, finance, marketing...).

Son périmètre couvre alors - et même surtout dans ce cas - l'intégration du digital dans la stratégie globale et les processus internes afin de permettre à l'entreprise de trouver un modèle qui va permettre de mieux répondre à l'arrivée de nouveaux entrants ou à un changement de business model.

La plupart des organisations de taille moyenne ou large ont désormais leur CDO. Ce sont des profils plutôt séniors qui requièrent d'avoir une vision d'ensemble du business existant de la société ainsi qu'une bonne connaissance des nouvelles technologies qui vont pouvoir venir améliorer le modèle.

Très souvent, le rôle du CDO va être de piloter des équipes en interne pour réorganiser et introduire de nouveaux process, ce qui engendre souvent des résistances fortes en interne.

Le CDO *« report »* généralement directement à la direction de la société et nécessite son support complet, sans lequel sa mission ne peut pas être menée à bien.

Omar Odino
Titre : CDO
Entreprise : Design Group Italia
Ville : Milan
Âge : 42 ans

Quel parcours avez-vous eu pour devenir CDO ?

Omar : J'ai d'abord travaillé en agences, chez Nurun (Razorfish), Publicis puis MRM à Milan dans des projets digitaux pour des grandes marques. Je suis vraiment devenu CDO dans l'agence Wunderman Thompson en 2010 en travaillant en transverse sur toutes les problématiques digitales des clients.

Quelles qualités possèdent un bon CDO ?

Omar : Être CDO est avant tout un état d'esprit qui permet de connecter l'humain, la technologie et les enjeux business. Le design thinking permet de travailler avec les complexités, notamment organisationnelles, de la société.

Quels sont vos objectifs et comment y parvenez-vous ?

Omar : Mon rôle est d'apporter de l'innovation pertinente aux organisations. Pour cela, je dois travailler avec toutes les fonctions qui apportent une expertise forte : UX, product design, les spécialistes de l'IoT (Internet of Things), les développeurs de logiciels. Et je dois faire en sorte que ces spécialités apportent de la valeur aux différents départements de l'organisation (RH, marketing, etc.).

Waël Benkerrour
Titre : CDO
Entreprise : Galeries Lafayette
Ville : Shanghai
Âge : 31 ans

Comment êtes-vous arrivé à cette fonction de CDO ?

Waël : J'ai travaillé 5 ans aux Galeries Lafayette sur des problématiques de stratégie et finance. Je voulais un rôle plus opérationnel. J'ai donc pu m'occuper du développement du digital en Chine, d'abord en faisant des allers-retours puis en m'y installant.

Pouvez-vous décrire votre rôle ?

Waël : Nous devons lancer une entreprise au sein même de l'entreprise en supportant l'activité des magasins physiques (via le digital) et en lançant l'activité e-commerce dans ce pays. Nous avons donc analysé le marché, développé notre stratégie, notamment sur les plateformes locales et mis en place notre approche CRM. Et, bien entendu, nous avons dû monter l'équipe et nous allons accélérer le recrutement dans les mois à venir.

Dans quelle organisation évoluez-vous ?

Waël : Je suis sous la responsabilité du directeur du développement de l'international, membre du CODIR des Galeries Lafayette. Je travaille principalement avec le directeur des opérations Chine, ses équipes (marketing, retail, merchandising) et celles du siège en France. Ces équipes détiennent un énorme savoir que nous utilisons.

Sophie Viger : le numérique, pas sans les femmes !

Sophie Viger est directrice générale de 42, le groupe d'écoles du numérique participatives fondées par Xavier Niel.

Ada Lovelace, Grace Hooper, Margaret Hamilton, Kathleen Booth, Barbara Liskov (pour ne citer qu'elles)… Ces figures d'exception sont entrées dans l'Histoire et nous rappellent avec force qu'aux balbutiements de l'informatique, les femmes étaient très bien représentées. Loin d'être de simples figurantes, elles occupaient alors une place de tout premier plan et leurs contributions furent à l'origine de nombreuses avancées majeures. La mémoire collective a oublié leur rôle pionnier et d'innovation.

Filière trustée par les femmes dans les années 1950-1960, elles ne sont aujourd'hui plus que 15% dans les fonctions techniques des métiers de haute technologie. En l'espace de quelques années, elles se sont progressivement laissé écarter d'un domaine dans lequel elles pouvaient exceller, jusqu'à finir par penser qu'elles n'étaient pas légitimes. Pire, que l'informatique ne leur plaisait pas, témoignant de la profondeur de l'enracinement des croyances populaires. C'est un constat d'autant plus alarmant qu'à l'heure de la révolution numérique, les DSI (Directeur des Systèmes d'Information) prennent désormais place dans les instances dirigeantes. Leur absence participe à renforcer la sous-représentation des femmes aux postes à responsabilités.

Le pouvoir ne se donne pas, il se prend dit-on. Facile à dire quand les inégalités sont induites très tôt par l'éducation, à grand renfort de stéréotypes tellement ancrés qu'ils sont passés au niveau de l'inconscient collectif. Les filles seraient plus studieuses et littéraires, les garçons plus matheux et ambitieux ? Une idée reçue depuis longtemps réfutée mais qui persiste malgré les progrès des neurosciences. Parents, famille, école… Il est devenu vital d'enrayer ces préjugés, car à force de les entretenir et de ne pas stimuler leur esprit scientifique, les filles finissent par s'autocensurer à un âge où le besoin de reconnaissance et le besoin d'appartenance sont si importants qu'elles doivent faire preuve d'une grande force de caractère pour nager à contre-courant. Selon une étude conduite par l'université Carnegie-Mellon à Pittsburg et présentée dans la revue Science of Learning, il n'y a aucune différence de genre dans la fonction cérébrale ou la capacité en mathématiques : « *les cerveaux des enfants fonctionnent de la même manière, quel que soit leur sexe. Nous pouvons donc avoir les mêmes attentes chez les enfants des deux sexes en mathématiques* ». Autrement dit, si certains en doutaient, les femmes sont tout autant capables de réussir dans les domaines des sciences, de la technologie, de l'ingénierie et des mathématiques. La seule différence, c'est l'environnement dans lequel filles et garçons évoluent, la manière dont on les stimule, la nature des clichés qu'on projette sur eux plus ou moins consciemment.

À chaque palier d'orientation, et ce dès la fin du collège, les trajectoires sont sexuées et encouragent tacitement l'idée que filles et garçons n'ont pas les mêmes ambitions. Et ce n'est pas la nouvelle réforme du lycée qui va permettre de lutter contre ce

« *déterminisme biologique* ». Dans leurs choix d'enseignements de spécialité en classe de Première, sans surprise malheureusement, les filles sont surreprésentées en humanités-littérature-philosophie, langues, sciences économiques et sociales (85% contre 15%) tandis que les garçons le sont en mathématiques-numérique-sciences, informatique-physique-chimie (87% contre 13%). Encore plus tôt qu'auparavant, les études semblent s'imposer comme l'antichambre de la ségrégation du monde du travail : aujourd'hui, seuls 17% des métiers sont mixtes, les hommes et les femmes représentant une part comprise entre 40 et 60% des effectifs.

Et en même temps, le monde change, démontrant que le conditionnement de genre n'est pas une fatalité. La question de la condition féminine occupe une place de plus en plus importante dans la société mettant en exergue l'anormalité de tout traitement différencié. Temps de travail, plafond de verre, inégalités salariales, gestion familiale… Ne naissons-nous pas tous libres et égaux en droits ?

Les mentalités bougent, notamment avec l'arrivée des nouvelles générations digital native et j'aime à penser que le numérique peut contribuer à inverser les processus de discrimination et d'exclusion sociale pour être la clé d'une transition vers une société plus juste et inclusive. Aujourd'hui, le numérique est partout, couvrant l'ensemble de notre économie, et, aujourd'hui, le numérique a besoin des femmes autant que les femmes ont besoin d'être présentes dans ses métiers d'avenir.

Au-delà même des opportunités offertes dans un secteur en pénurie de talents, il est impensable que les nouvelles technologies qui nous changent la vie soient développées par les hommes, excluant de fait 50% de la population mondiale, sous peine de reproduire les biais sexistes à l'origine de nombreuses inégalités. Les algorithmes et l'intelligence artificielle restent programmés par des êtres humains qui ne font que prolonger nos codes sociaux dans la technologie. D'ailleurs, un rapport publié par l'UNESCO en mai 2019 accuse ouvertement les assistants vocaux de véhiculer des stéréotypes sexistes. Alexa, Cortana, Siri : en donnant aux « *assistantes vocales* », serviles et obéissantes, des voix féminines par défaut dans la quasi-totalité des langues disponibles, l'image de la femme docile et dominée continue d'être insidieusement véhiculée dans le monde entier, influant la perception que les hommes ont des femmes, la façon dont ils s'adressent à elles et, plus grave, la manière dont ces dernières se considèrent. Tout comme la retransmission de la Coupe du Monde féminine de football sur les grandes chaînes de télévision associée à la valorisation des joueuses auprès du grand public a joué un rôle fondateur dans la représentation de l'image des femmes, permettant aux petites filles de se projeter dans la pratique d'un sport spontanément perçu comme masculin, les role models sont un puissant levier pour susciter des vocations et lutter contre l'effet Golem ou le syndrome de l'imposteur. Et des exemples de réussite au féminin, fort heureusement, il y en a de plus en plus et de nombreuses associations s'emploient à promouvoir chaque jour davantage de mixité dans les métiers du digital.

Plus globalement, l'informatique comme ses débouchés doivent être présentés dans les établissements scolaires sans biais pour lutter contre les stéréotypes éducationnels. Il faut briser les schémas dépassés sur les capacités masculines et les capacités féminines et saisir chaque opportunité d'expliquer aux filles comme aux garçons que le numérique n'a pas de genre. Il est par ailleurs nécessaire de pallier la méconnaissance et la perception limitative des métiers du numérique et de l'ingénierie, obstacles supplémentaires qui poussent les jeunes filles à s'orienter vers d'autres voies.

À l'échelle de 42, nous avons défini un véritable plan d'actions avec 35 mesures très concrètes pour sensibiliser les collégiennes, les lycéennes, les étudiantes, les femmes en recherche d'emploi ou en reconversion professionnelle, afin de les inciter à élargir leurs horizons. Nous nous attachons à favoriser les conditions de leur réussite en veillant à développer un environnement de travail sécurisé et confortable au sein duquel elles se sentent respectées et soutenues aussi bien par l'équipe pédagogique que par leurs pairs. Légitime, leur présence est normale et naturelle pour nous tous. En 2018, nous avons définitivement éliminé la limite d'âge de 30 ans pour intégrer la formation, et ces initiatives commencent à porter leurs fruits : les femmes sont plus nombreuses à participer et à réussir les épreuves de sélection. C'était de l'ordre de l'évidence : elles se tournent plus tardivement vers les opportunités du numérique et notre approche pédagogique personnalisée leur permet de progresser à leur rythme, en tenant compte de leurs contraintes personnelles.

Une nouvelle révolution doit s'enclencher afin que les femmes elles-mêmes prennent conscience de leurs propres préjugés vis-à-vis du numérique qui doit être envisagé comme un moyen, non comme une finalité. Le code est devenu une compétence clé du XXIe siècle, au même titre que la maîtrise d'une ou plusieurs langues étrangères. Elles doivent ouvrir les yeux et se lancer.

#6 Customer success manager

« Il est crucial de savoir se remettre en question en permanence, ce qui requiert au préalable de bien se connaître - c'est à dire régulièrement analyser ce qu'on fait bien et ce sur quoi on est moins à l'aise. »

Nicolas Fatout, Adform

La fonction de customer success manager est relativement récente dans le secteur du marketing digital et probablement un des 5 profils les plus recherchés sur le marché à ce jour.

C'est une fonction hybride entre chef de projet et account manager qui est apparue avec la multiplication des start-up qui offrent des solutions d'outils en mode SaaS.

Le CSM prend le relais une fois que le commercial a signé avec un client qui a pris un abonnement sur l'outil proposé. Il va tout d'abord gérer l'onboarding du client, c'est à dire la mise en place du projet qui va de la création des comptes utilisateurs, la définition des règles d'utilisation de l'outil jusqu'à la formation des équipes du client. Son rôle est ensuite, comme l'indique son titre, de faire en sorte que le projet soit un succès, autrement dit que le client utilise l'outil ou le service de façon optimale. Si le client est satisfait, celui-ci a toutes les chances de renouveler la licence d'utilisation en fin d'année. Le taux de renouvellement (ou a contrario le taux de churn) est donc le principal KPI de mesure de l'efficacité du CSM.

Le customer success manager n'est donc pas qu'un chef de projet, il est aussi partie prenante dans le renouvellement du contrat. Il est généralement rémunéré sur la base d'un fixe plus un bonus lié à la qualité de son travail, et surtout sur sa capacité à faire renouveler le client en fin de période. À ce titre, il se rapproche de la fonction d'account manager.

S'il a souvent un profil école de commerce ou équivalent, le CSM doit tout de même avoir une bonne connaissance, bien évidemment de son produit, mais aussi des grandes problématiques techniques. En effet, il est en contact quasi permanent avec ses équipes produit pour faire remonter l'information, faire le suivi sur les nouvelles demandes clients ou des problèmes sur l'outil.

Takuji Kawamura
Titre : Customer success manager
Entreprise : Hubspot
Ville : Tokyo
Âge : 33 ans

Que faites-vous chez Hubspot ?

Takuji : Je suis CSM chez Hubspot, une solution en CRM et marketing automation. J'ai un profil un peu atypique car je suis ingénieur, ce qui me permet de très bien comprendre la technique, ce qui aide dans mon rôle. Mon job est d'aider les clients à utiliser Hubspot et faire en sorte qu'ils restent avec nous.

Que faites-vous au jour le jour ?

Takuji : La moitié de mon temps est consacrée aux clients avec qui je suis en contact en permanence. Je passe ensuite une bonne partie de mon temps sur de la coordination interne avec les autres équipes.

Quels outils utilisez-vous quotidiennement ?

Takuji : Nous utilisons le « *Health score* » pour la gestion des demandes clients, des outils pour la gestion des tâches en interne puis un ensemble d'outils de communication, notamment e-mails, chat, etc.

Stefania Fussi
Titre : Customer success manager
Entreprise : Yext
Ville : Milan
Âge : 33 ans

Quel est votre profil et votre métier ?

Stefania : J'ai une formation en économie et j'ai ensuite passé 6 ans dans une agence social media et 3 ans en tant que social media manager. Yext fournit un outil pour optimiser la présence de retailers sur le web. Mon rôle est d'optimiser l'utilisation de nos outils par les clients. Je remonte les problèmes, développe la relation avec le client, essaye d'anticiper leurs besoins. Je les conseille aussi pour qu'ils puissent montrer en interne ce que Yext leur apporte. Je collabore avec les équipes de ventes, de conseil et de développement du produit.

Quelles sont vos tâches au jour le jour ?

Stefania : Je dirais que je suis constamment en mode veille pour me tenir au courant du marché, j'assure le suivi client (ce qui inclut de faire un point trimestriel avec chacun), le support et la gestion des problèmes des clients.

Comment le poste va-t-il évoluer dans les prochaines années ?

Stefania : Je pense qu'on s'oriente plus vers des fonctions de consulting stratégique et un peu moins de tâches opérationnelles.

Nicolas Fatout
Titre : Director platform solutions
Entreprise : Adform
Ville : Paris
Âge : 29 ans

Quel est votre rôle chez Adform ?

Nicolas : Adform est une « *Ad tech* », une technologie qui permet à nos clients de mieux cibler et toucher ses (futurs) clients sur le web. Je dirige l'équipe qui gère les clients d'Adform et interagis donc avec toutes les composantes de la société (produit, commercial, marketing). Mon responsable hiérarchique est le VP client service monde.

Que faites-vous au jour le jour ?

Nicolas : Je dirais 50% à écouter et aider les membres de mon équipe dans les problèmes qu'ils ont à résoudre au jour le jour. 20% à la stratégie : comprendre les futurs besoins clients et trouver les bons outils. Et le reste sur du reporting et du benchmark marché.

Quelles qualités requièrent votre poste ?

Nicolas : La capacité d'écoute (en interne et avec les clients), l'empathie, essayer de montrer l'exemple en restant humain dans l'approche. Et surtout, savoir se remettre en question en permanence, ce qui requiert au préalable de bien se connaître - c'est à dire régulièrement analyser ce qu'on fait bien et ce sur quoi on est moins à l'aise.

#7 Product owner

« Si vous n'aimez pas être en contact direct avec un grand nombre d'interlocuteurs ou préférez passer du temps seul devant votre ordinateur, ce métier n'est pas pour vous. »

Cécile Eskenazi, Facebook

La fonction de product owner, product manager ou chef de produit, n'est pas propre au marketing digital. Dans notre secteur, ce rôle se retrouve essentiellement au sein des start-up et éditeurs d'outils ou plateformes.

Son rôle premier est de définir la stratégie produit qu'il va ensuite décliner en roadmap - sa bible - qui doit décrire les grandes fonctionnalités à venir et montrer où va le produit dont il est responsable sur les 12 à 18 mois. Cela nécessite évidemment que le product owner connaisse les tendances du marché et ce que fait la concurrence de façon assez fine. Il doit notamment mettre à jour un document de benchmark concurrentiel de façon régulière.

À un niveau plus micro, sa fonction nécessite ensuite de décliner cette roadmap en spécifications fonctionnelles sur la base desquelles l'équipe technique va pouvoir commencer à développer. Dans certain cas, son rôle va aussi inclure celui de UX manager; il aura alors également la responsabilité de définir l'interface utilisateur de l'outil mis en place, en collaboration avec les développeurs front-end qui la développeront. Le product owner va ensuite suivre la mise en place de ce qui a été demandé à l'équipe technique et la phase de QA (tests qualité) avant sa mise en production. Il suivra ensuite la performance globale de la plateforme et des fonctionnalités mises en place pour améliorer le produit si besoin.

Cela demande également la maîtrise de certains outils du marché, par exemple Balsamique (création de wireframes ou maquettes) ou Jira pour suivre l'implémentation des fonctionnalités avec l'équipe technique.

On y retrouve principalement des profils commerciaux mais le product owner peut aussi avoir une formation plus technique comme celle d'une école d'ingénieurs. C'est un rôle central car il va définir l'identité du produit et ses caractéristiques. Dans les start-up, son importance est parfois sous-estimée et il n'est pas évident de trouver des profils qui répondent véritablement aux attentes.

Cécile Eskenazi
Titre : Product manager
Entreprise : Facebook
Ville : Menlo Park (USA)
Âge : 41 ans

Quel est votre rôle au sein de Facebook ?

Cécile : Je dirige une équipe multidisciplinaire dont le rôle est de lancer de nouvelles fonctionnalités sur l'application Facebook. Je définis des objectifs pour l'équipe, identifie des besoins utilisateurs et coordonne la recherche de solutions pour répondre à ces besoins.

Que faites-vous au quotidien ?

Cécile : Un product manager passe la majorité de sa journée en réunions ! Si vous n'aimez pas être en contact direct avec un grand nombre d'interlocuteurs ou préférez passer du temps seul devant votre ordinateur, ce métier n'est pas pour vous. Je pense passer environ 50% de mon temps en réunions avec l'équipe ou en one-to-one, 30% sur les outils de communication du type e-mails et 10% sur les documents de stratégie (roadmap, brief).

Mon interlocuteur principal est mon engineering manager. C'est la personne qui dirige mon équipe d'ingénieurs - une quinzaine de personnes. Je travaille également au quotidien avec des product designers qui m'aident à concevoir les fonctionnalités qui seront ensuite développées par les ingénieurs. Je suis enfin en relation fréquente avec les data scientists et UX researchers qui m'apportent des « *insights* » quantitatifs et qualitatifs sur les besoins utilisateurs et les usages de mes produits.

Existe-t-il des particularités liées à l'organisation ?

Cécile : Chez Facebook, les niveaux hiérarchiques sont masqués afin de permettre à tous les employés de proposer des idées et d'être écoutés, quel que soit leur niveau. C'est pourquoi mon N+1 a le même titre que moi : product manager.

Malick Ndiaye
Titre : Product marketing manager
Entreprise : Knockout Gaming
Ville : Malaga
Âge : 31 ans

Pouvez-vous décrire votre métier ?

Malick : Nous créons des jeux et avons pour objectif d'offrir une expérience digitale unique et personnalisée à chaque utilisateur sur l'ensemble de l'écosystème digital. Nous cherchons à augmenter l'utilisation de nos produits et les revenus générés par nos clients. Afin d'atteindre ces objectifs, il nous est essentiel de recueillir un maximum de données et de points de contacts avec nos clients, que ce soit sur le digital ou pas, et d'avoir des schémas automatisés pour répondre en temps réel aux besoins de la manière la plus pertinente possible.

Quelles formations sont utiles selon vous ?

Malick : Pour ma part, la formation de départ m'importe peu lorsque je recrute quelqu'un. Je suis plus intéressé par le « *pourquoi* » et la motivation. Les soft skills sont plus dures à apprendre que l'utilisation d'un logiciel comme Adobe Campaign ou Salesforce.

Comment voyez-vous évoluer le marché et ce poste dans le futur ?

Malick : Il y aura toujours plus d'automatisation et de personnalisation. L'automatisation peut permettre de faire gagner un temps précieux sur des tâches récurrentes et ainsi s'offrir plus de temps pour penser les opérations marketing que nous souhaitons faire. Auparavant, nous n'avions des données uniquement si nous les utilisions. Aujourd'hui, toutes les données sont conservées, la plupart sans jamais être traitées, simplement au cas où on en aurait besoin dans le futur. Toutes ces données représentent également une source d'information extraordinaire, libre à chacun de les utiliser à bon escient. Des pratiques banalisées par l'industrie du marketing au cours de ces dernières années sont la raison principale de la méfiance et la défiance des utilisateurs. Le marketing digital devra se réinventer.

Les réseaux sociaux, avec l'importance de certains utilisateurs, a aussi renversé le rapport de force. Aujourd'hui, les influenceurs dictent le marché et sont devenus des affiliés très puissants.

Marine Suttle
Titre : Chief product officer
Entreprise : The Boxoffice Company
Ville : Los Angeles
Âge : 31 ans

Que faites-vous chez The Boxoffice Company ?

Marine : Je travaille au sein de The Boxoffice Company (groupe Webedia) où nous fournissons des services digitaux aux acteurs du secteur du cinéma. Je suis en charge de la stratégie produit, ce qui consiste à définir les outils que nous développons pour aider nos clients en évaluant les besoins ainsi que l'évolution du marché et de la concurrence.

Quelles qualités votre poste requiert-il ?

Marine : Je dirais qu'il faut savoir être critique, ne pas se reposer sur l'existant. Être organisé car on peut vite être dépassé par le nombre de choses à faire. Être précis et rigoureux avec les équipes. Et enfin être créatif car cela nécessite de constamment trouver des solutions personnalisées pour les clients.

Quels outils utilisez-vous au jour le jour ?

Marine : Pléthore. Jira et Trello pour la gestion de projets, Google Analytics, InVision, Photoshop ou Sketch pour le design et les mockups, Salesforce et Zendesk, Usertesting, Mailjet et Mailchimp pour les e-mails push...

#8 Pre-sales manager

« Aucune formation ne mène spécifiquement au rôle de pre-sales car chaque produit est propriétaire et il va donc falloir (ré)apprendre les spécificités du produit. »

John Knipper, Gracenote

Le pre-sales, ou manager avant-ventes, est un profil entre spécialiste produit, stratégiste et commercial qui intervient en support des équipes commerciales.

C'est un poste qui, en général, se retrouve dans les sociétés qui vendent un produit qui réclame une bonne connaissance technique. C'est notamment le cas pour les éditeurs de logiciels. Son rôle est de travailler avec le commercial sur la stratégie d'approche du client et les appels d'offre. Son apport est décisif car il doit démontrer que le produit présenté est celui qui peut le mieux répondre aux besoins du client.

Son périmètre est clairement défini chez les éditeurs de tailles intermédiaire et importante. Dans les plus petites structures de type start-up, son rôle reste souvent à créer, entre les commerciaux et le product owner. Il peut alors aussi jouer le rôle de support aux équipes de vente. Il peut tout à fait s'agir d'un profil commercial qui a appris à bien appréhender le produit ou d'un profil technique sachant travailler avec des commerciaux.

John Knipper
Titre : Solution architect
Entreprise : Gracenote
Ville : Berlin
Âge : 43 ans

Qu'est qu'un solution architect ?

John : Je me donne plus souvent le titre de solution engineer ou sales engineer. Et j'ai l'impression qu'aux États-Unis par exemple, cette fonction n'est pas reconnue comme en Europe. Je suis simplement l'interlocuteur technique de ma société auprès des clients : expliquer comment fonctionnent nos produits, donner des formations, faire de la veille, organiser des « *hackathons* ».

Quelles formations ou compétences cela requiert-il ?

John : En réalité, aucune formation n'est véritablement requise car chaque produit est propriétaire et il va donc falloir (ré)apprendre les spécificités du produit. Cela nécessite tout de même certaines compétences techniques comme savoir coder des programmes simples. Mais globalement, c'est plus l'expérience acquise que la formation initiale qui m'a permis d'obtenir ce poste.

Comment vous voyez-vous évoluer ?

John : Je vois deux voies possibles. Devenir product owner, car en passant autant de temps avec le client vous voyez de mieux en mieux où le marché va aller. Ou basculer sur une fonction purement technique, type directeur du développement Tech - notamment car le coût de développement aux États-Unis est devenu prohibitif et que beaucoup de sociétés lancent des équipes de développement en Europe.

Brandon DeLap
Titre : Senior pre-sales engineer
Entreprise : Catchpoint
Ville : Los Angeles
Âge : 28 ans

Pouvez-vous nous décrire votre métier ?

Brandon : Les pre-sales engineers chez Catchpoint sont les personnes qui vont créer de la valeur avant d'« *onboarder* » le client. Notre rôle est d'articuler et rendre la technologie et ses fonctionnalités compréhensibles aux clients et aux partenaires business. Je dois ainsi être présent sur tout le cycle de vie du produit pour identifier d'éventuels problèmes.

Quelles sont vos tâches au jour le jour ?

Brandon : Participer à des calls pour qualifier des leads, faire des démos produit, collaborer avec l'équipe produit, aider les clients dans l'utilisation du produit et rester au courant des innovations techno du marché.

Comment va évoluer votre rôle ?

Brandon : À court terme, je vois moins de déplacements et plus d'échanges virtuels, notamment avec l'impact du COVID-19. Plus globalement, je me vois évoluer vers un rôle de « *leadership* » avec une équipe d'ingénieurs pour les aider à maximiser la valeur et la fidélisation des clients.

#9 Développeur•e

« J'ai découvert le coding en assistant à des Olympiades de programmation dans l'école de ma ville. C'est important de commencer à développer jeune. »

Ruslan Bulatov, Noveo

Comme la plupart des fonctions présentées dans cet ouvrage, le métier de développeur peut recouvrir des activités très diverses. Un développeur front-end, dont le métier peut se rapprocher de celui d'un UX designer, ne travaille ainsi pas sur les mêmes langages de programmation ou méthodes qu'un développeur back-end qui, par exemple, développe des solutions d'optimisation de traitements de larges volumes de données.

L'explosion de l'utilisation de la technologie dans tous les secteurs de l'économie a fait que les recruteurs rencontrent les plus grosses difficultés de recrutement sur ce poste. Ce sont des profils sur-sollicités. C'est donc aussi sur ces postes que les salaires peuvent être très élevés - jusqu'à plusieurs centaines de milliers de dollars par an dans la Silicon Valley, pour l'exemple le plus poussé.

Il est également intéressant de garder en tête que la plupart des développeurs, notamment sur les 10 premières années de leur carrière, sont probablement les profils les moins régis par le montant du salaire. Ce qui rend le job le plus attrayant pour eux est la ou les langages de développement sur lesquels ils vont pouvoir travailler et se former. Le graal, pour la plupart d'entre eux, est de travailler sur la prochaine techno « *star* ».

La plupart des profils de développeurs sont issus des formations en informatique ou d'ingénieurs. Étant donné l'attractivité de la fonction, des formations plus courtes ou accessibles à des profils non-tech sont aussi apparues ces 5 dernières années.

Il y a ainsi une plus grande porosité avec des profils issus de business schools qui suivent des formations de développeurs pour apprendre le b.a.-ba du coding, même s'ils n'atteindront que rarement le niveau d'un développeur confirmé sur un langage donné (ce qui n'est pas l'objectif de départ).

Arun Ravuri
Titre : Senior developer
Entreprise : EditPlace India
Ville : Bangalore
Âge : 31 ans

Pouvez-vous nous décrire votre fonction ?

Arun : Je dirige l'équipe de développement technique d'EditPlace en Inde. EditPlace est une plateforme de créateurs freelance de contenu. Mon rôle est de diriger l'équipe de développement locale pour délivrer la roadmap produit de la société.

Quels sont vos expertises et les outils que vous utilisez ?

Arun : Les outils que nous utilisons le plus sont le framework Zend/Laravel, Git et Linux/CGP. Je dirais ensuite qu'il faut avoir la capacité à trouver des solutions car je passe une bonne partie de mon temps à régler les problèmes que l'équipe rencontre.

Comment intégrez-vous les nouvelles recrues ?

Arun : Nous demandons d'abord à nos développeurs de commencer sur des petites tâches. C'est un moment où je passe beaucoup de temps avec eux pour les former et voir comment ils réagissent aux premiers problèmes à résoudre. Nous leur donnons des objectifs très précis sur les premières semaines. Malgré tout, chaque personne reste différente et cette période d'intégration peut aussi varier dans son contenu en fonction du profil.

Ruslan Bulatov
Titre : Senior Java developer
Entreprise : Noveo
Ville : Saint-Pétersbourg
Âge : 32 ans

Comment êtes-vous devenu développeur ?

Ruslan : J'ai découvert le coding en assistant à des Olympiades de programmation dans l'école de ma ville. C'est important de commencer à développer jeune, peu importe le langage ou la technologie que vous utilisez. J'ai ensuite obtenu un master en mathématiques appliquées et informatique.

Quel est votre rôle ?

Ruslan : Je suis un développeur back-end. Je construis des API (Application Programming Interface), REST (REpresentational Start Transfer : style d'architecture de logiciels) et des architectures de bases de données. L'objectif de notre équipe est de créer des applications stables et riches. Nous écrivons du code, testons, et réalisons les « *code reviews* » entre collègues.

Comment vous voyez-vous dans 5 ans ?

Ruslan : J'ai deux options. Soit devenir team lead ou bien évoluer sur une fonction de chef de projet. Mais j'adore programmer et écrire du code, donc je me vois plus essayer de devenir team lead ou CTO sur ce sujet.

Olivier Meyer
Titre : UX front-end specialist
Entreprise : Adobe
Ville : Paris
Âge : 43 ans

Quels sont les objectifs de votre équipe ?

Olivier : Je suis dans l'équipe UX. Nous aidons à l'utilisation des outils pour les équipes commerciales, légales et nous évangélisons le design thinking.

Comment cela se traduit-il au jour le jour ?

Olivier : Je crée des maquettes et des prototypes en accord avec les standards de l'entreprise pendant pratiquement la moitié de la semaine. Je développe des applications qui se doivent d'être faciles d'utilisation tout en s'assurant que le code et l'architecture soient de qualité et puissent être développés à plus grande échelle.

Quels sont vos conseils pour une personne qui débute ?

Olivier : Inspirez-vous des entreprises qui sont très orientées design comme Apple, Google, Ideo ou les agences digitales. Lisez beaucoup d'articles sur l'UX et le front-end. Soyez proactifs et tentez de développer de nouvelles structures, testez des idées dans votre dossier personnel.

#10 Planneur•e stratégique

« Pense en débutant, agis comme un pro et n'oublie jamais que le monde change en permanence. »

Daniel Kwintner, Sopexa

On distingue principalement 2 types de planneurs :

- Le planneur stratégique : le plus souvent en agence ou chez la marque, c'est la personne qui va définir la stratégie globale de la marque ou d'une campagne donnée. Le planneur stratégique est très connecté, à l'air du temps et au fait des tendances de la société dans laquelle il vit. Il peut être spécialisé dans un secteur d'activités.

- Le planneur médias : il définit la stratégie de campagne payante (paid media : publicité, contenus sponsorisés...) sur les différents canaux (display, Google, social media...). Sa fonction est de définir les budgets à allouer à chaque plateforme, le timing des prises de parole et l'intensité du message.

De façon générale, il doit donc savoir s'appuyer sur les différentes études (de marché, consommation, pénétration des média) afin d'effectuer les recommandations pertinentes pour toucher l'audience cible. C'est un nœud entre les clients, la création (formats, messages) et la distribution.

Sur la partie média, l'achat d'espaces publicitaires sur le digital est en croissance constante ces dernières années et dépasse les achats sur les plateformes traditionnelles (TV, radio, journaux) dans certains pays. L'automatisation des achats publicitaires sur le digital et l'achat programmatique ont donné naissance à une nouvelle terminologie : les traders. Ceux-ci achètent des espaces publicitaires sur des places de marché, publiques ou privées, aux enchères ou à prix fixe, et modulent l'activité en fonction des performances. L'achat programmatique représente pratiquement 70% des achats publicitaires digitaux dans les marchés les plus matures comme le Royaume-Uni et les États-Unis et finira sans doute par devenir le mode d'achat par défaut de la publicité digitale.

Le planneur médias a également un rôle de négociation - acheter au meilleur prix - et de conseil pour les marques. C'est un métier qui s'effectue en agence, au sein des structures de trading desks pour les traders, mais qui peut également se trouver dans certaines régies publicitaires importantes.

Les formations sont communément celles de la publicité, de la communication et du commerce. Le poste de planneur stratégique est plus sénior, les fonctions opérationnelles sont plus restreintes ; l'analyse et le conseil y sont plus développés.

Guillaume Martin
Titre : Head of strategy
Entreprise : BETC (Havas)
Ville : Paris
Âge : 42 ans

Quel est le rôle de votre agence et le vôtre ?

Guillaume : Le rôle d'une agence de publicité est de mettre la créativité au service des marques, pour les construire et les faire durer. Le planning stratégique est là pour garantir la pertinence du discours et de l'action de ces marques, afin qu'elles aient du sens dans la vie des consommateurs, dans un monde où les trois quarts des marques pourraient disparaître sans que personne ne s'en soucie.

Que faites-vous au jour le jour ?

Guillaume : J'écoute et challenge les briefs des annonceurs, je conduis des analyses et études pour mieux y répondre, je réfléchis et identifie les stratégies les plus pertinentes, j'écris des briefs pour guider et inspirer les équipes créatives, et, enfin, j'articule et présente des idées aux annonceurs.

Comment voyez-vous évoluer votre rôle et votre carrière ?

Guillaume : Je ne saurais même pas vous dire précisément sur quel sujet je vais travailler demain. C'est justement tout l'intérêt d'une carrière dans la publicité. Ceci dit, je crois que cela sera très loin du cliché du planneur isolé dans son bureau à lire des études. Le planneur devra désormais se préoccuper de l'expérience utilisateur en plus de l'idée de marque. Ce qui implique de travailler main dans la main avec les responsables UX, de plus en plus présents dans les agences.

Federico Mancin
Titre : Head of strategy
Entreprise : The Big Now (Dentsu)
Ville : Milan
Âge : 34 ans

Décrivez-nous votre poste de head of strategy/planning ?

Federico : Je pense qu'un stratégiste est un ange gardien pour les marques. Il récupère le brief d'un client, le digère, étudie le secteur et les consommateurs et définit une stratégie qui peut être appliquée.

Quelles qualités avez-vous développées dans ce métier ?

Federico : Une meilleure compréhension des analytics, une forte capacité à synthétiser les idées et une bonne expertise dans la recherche d'insights notamment.

Quel est le futur de votre métier ?

Federico : Je pense que les métiers de stratégiste et consultant vont continuer à se rapprocher car tout devient actionnable et mesurable. Il va donc y avoir un énorme challenge pour les marques qui vont devoir digérer et utiliser tous ces KPIs mis à leur disposition. Les data vont devenir cruciales mais il faudra toujours quelqu'un pour bien les comprendre.

Lesly Couty
Titre : Senior strategic planner
Entreprise : Ogilvy
Ville : Francfort
Âge : 35 ans

Quels sont les objectifs de votre département ?

Lesly : L'objectif principal du département stratégie est d'aider les marques à développer à la fois leur image et leur business, en acquérant une profonde connaissance des besoins des consommateurs et en construisant la meilleure expérience consommateur possible. Cela peut passer par une campagne de communication, un programme de CRM ou un nouveau service/produit.

Quelles sont vos tâches quotidiennes ?

Lesly : Mon quotidien consiste à analyser les études de consommation, la concurrence et l'évolution du marché. Il faut aussi mettre en place les recommandations stratégiques, les préparer et les présenter aux clients. J'écris les briefs créatifs et assure le suivi de l'élaboration des créations. Pour ce faire, il est important de maîtriser les portails de recherche, les modèles de stratégie, les outils de présentation (Powerpoint, Keynote). Je travaille étroitement avec les équipes de gestion de projet quand il s'agit de définir les besoins du client, planifier et budgétiser le projet. Je reste enfin impliquée dans la phase de création pour m'assurer que cela suive bien la stratégie définie et surveiller les résultats après lancement.

Quel est le parcours d'un planneur stratégique ?

Lesly : Les personnes viennent d'univers éducatifs et professionnels différents que ce soit en sociologie, business administration, data science et évidemment en communication. La plupart possède un master. J'ai étudié les langues et le droit à l'université puis fait un master en Global communication. J'ai fait un stage chez Publicis. J'ai rejoint le service New business pour travailler sur les pitchs, puis je suis passée par de la gestion de compte avant de rejoindre le département Stratégie. Je conseillerais d'intégrer une agence avec un service de planning stratégique établi depuis longtemps, afin d'apprendre des personnes avec une forte expertise dans leur domaine.

Daniel Kwintner
Titre : Strategic planner
Entreprise : Sopexa
Ville : Tokyo
Âge : 42 ans

Comment êtes-vous devenu planneur ?

Daniel : Je n'ai pas suivi le chemin classique. J'ai travaillé dans différentes industries depuis 22 ans mais toujours dans des fonctions de design et branding. Je profite d'une formation en Design management et des aventures en entrepreneuriat qui m'ont donné la capacité à mieux écouter les autres et comprendre ce qu'ils attendent.

Quelles sont vos tâches quotidiennes ?

Daniel : Je dirais la gestion de crise, la négociation, des sessions de brainstorming, des réunions de stratégie et enfin le temps passé à monitorer les tendances du marché.

Comment formeriez-vous un junior sur le poste ?

Daniel : Le mieux est de travailler sur un vrai projet avec des vraies data. Apprendre en faisant des erreurs. Mon conseil principal serait « *pense en débutant, agis comme un pro* » et ne jamais oublier que le monde change en permanence.

David Honig : le recrutement dans le marketing digital

David Honig dirige MarketSearch et recrute des professionnels du marketing digital aux États-unis depuis 20 ans. Il nous livre sa vision du marché.

Bravo pour tout le travail que vous avez fourni pour décrocher votre diplôme. Maintenant, vous allez utiliser tout ce que vous avez appris pour atteindre votre audience cible et mesurer le succès de vos campagnes.

Le marketing, ce n'est plus uniquement attirer l'attention avec une belle image. Analyse, data, ciblage géographique sont tous les attributs du marketer d'aujourd'hui et devront être maîtrisés dans quelque entreprise que vous rejoindrez. Ce qui a changé avec le temps, c'est l'efficacité avec laquelle les marketers peuvent toucher leur audience et la possibilité de les convertir en clients fidèles sur le long terme. Les candidats au marketing doivent être à l'aise avec les outils dès leur premier jour dans leurs nouvelles fonctions. Hubspot, Marketo, Salesforce devraient tous être mis en avant sur votre C.V. avec des exemples concrets de leur utilisation et des résultats obtenus.

La demande pour des marketing managers augmente rapidement. Évidemment, tout ce qui est lié au digital est une source de croissance forte. Les changements technologiques, le comportement des consommateurs et l'économie impactent considérablement les qualités et expertises que les entreprises recherchent pour les postes en marketing. Pour rester pertinents et employables dans une industrie en mutation, les marketers doivent rester à jour des nouvelles avancées dans le digital et la sales tech, développer leurs capacités créatives et analytiques, et avoir quelques bases de coding ou de développement des apps.

Les entreprises sont amenées à revoir la structure de leur organisation et les CMO repensent le recrutement des talents. Ils accentuent leur besoin d'avoir des équipes de haut niveau pour affronter le futur du marketing digital. Cela veut dire qu'ils ont des attentes plus élevées vis-à-vis des talents et n'accepteront rien de moins que l'extraordinaire. Les CMO qui veulent être sur le front des innovations et réussir à l'ère des expériences clients doivent attirer les meilleurs marketers avec les dernières compétences du marché.

Se préparer au futur implique de ne jamais cesser d'apprendre. Les marketers doivent toujours avoir un temps d'avance. Ceux qui finissent leurs journées ravis de ce qu'ils ont accompli et qui retournent le jour suivant pour perturber l'ordre établi sont les marketers que je suis. Peu importe votre situation actuelle, vous avez le pouvoir de vous propulser et de construire une carrière incroyablement enrichissante. Ayez la passion de donner le tempo. Ayez la confiance de mener. Soyez ce marketeur que les entreprises aiment avoir dans leurs équipes.

Quel est le meilleur moyen de se vendre et d'obtenir le job de ses rêves ? Souvenez-vous, vous êtes un produit. Vous devrez examiner les caractéristiques, les composantes et les qualités qui font de vous une personne unique - et qui ressort parmi les autres candidats par rapport aux yeux des employeurs. Ces spécificités peuvent inclure des expériences professionnelles, le leadership, les associations de professionnels dont vous faites partie et, bien sûr, votre parcours académique et vos formations. Quelle est cette chose qui vous rend différent de tous les autres candidats qui postulent pour le même job ? Quel est votre argument de vente ? Identifiez vos avantages compétitifs pour construire votre positionnement. Comme toujours, faites des recherches sur l'entreprise avant votre entretien. Mais peu importe la qualité de votre position et de la force de votre argument de vente, si vous ne pouvez pas communiquer correctement les bénéfices pour l'employeur, vous n'aurez pas le poste.

Vous pouvez activer votre réseau d'anciens collègues, participer aux évènements pros, contacter des cabinets de recrutement, des anciens élèves, et assister à presque tous les rassemblements. Votre réseau est-il solide ? Comment le rendre plus fort ? Il faut toujours améliorer son personal branding. Pas se vendre, mais se positionner stratégiquement dans la communauté du marketing. Vous voulez être perçu comme un leader, un innovateur et quelqu'un qui a les idées que les autres veulent écouter et reproduire. Les marketers doivent utiliser tous les outils pour être sûrs d'être perçus comme une personne avec un point de vue qui compte. Les employeurs ne recherchent pas uniquement les marketers attentifs aux changements qui se passent mais ceux qui embrassent le changement pour découvrir les opportunités qui viennent avec. Lors d'un entretien d'embauche, considérez partager une expérience professionnelle où vous avez dû effectuer un changement radical au milieu d'un projet et la manière dont vous vous y êtes pris pour obtenir des résultats.

Les marketers doivent savoir digérer les data pour identifier les opportunités et prendre les meilleures décisions. Alors qu'il est important d'être à l'aise avec les chiffres, les marketers doivent aussi venir avec des idées qui ne passent pas inaperçues chez les clients potentiels. Les qualités d'analyse et l'empathie sont en effet tout aussi importantes dans ce rôle. L'analyse vous aidera à comprendre les données derrière le comportement des consommateurs et l'empathie vous donnera les clés pour une communication qui résonne chez les consommateurs et qui amène à une action.

Les CMOs suivent les disruptions nées avec la révolution digitale et l'expérience client et savent qu'elles sont ici pour rester. Le fait que les clients aient plus de connaissances, d'attentes et de pouvoir que jamais est bel et bien établi. Les clients connectés décident. Ils déterminent quand, où, comment ils interagissent avec les marques, et le marketing doit maintenant suivre ses clients là où ils décident d'aller. Les CMOs savent que le futur de leur business est lié à sa capacité à répondre à des environnements régis par leur complexité, leur rapidité et l'innovation.

Le monde du digital n'attendra personne, et les marketers devront être proactifs s'ils veulent rester à la page malgré la montée en puissance de la technologie. Les professionnels du marketing doivent continuer à apprendre, s'adapter et développer de nouvelles compétences qui les placent parmi les meilleurs candidats.

C'est indéniable dans cet univers où rien n'est jamais figé. Les marketers doivent rester pertinents. On doit être capable de s'adapter aux changements dans une industrie si dynamique. Les marketers doivent démontrer qu'ils surfent sur les tendances par eux-mêmes. Les employeurs ne veulent pas juste entendre dire que vous avez la capacité d'apprendre, ils attendent que vous le leur prouviez.

De manière très simple, soyez ambitieux. Sortez des sentiers battus, cassez les codes pour que votre travail soit remarqué et admiré dans votre secteur d'activités. Les règles du jeu que l'on nous avait apprises ne sont plus en vigueur dans l'environnement actuel. Les règles ont déjà changé auparavant, mais jamais à ce point. Le plus important est de s'amuser, d'aimer ce que vous faites et de constamment apprendre. Sinon, vous serez vite remplacé !

#11 Graphic designer

« Quand vous pensez que quelque chose devrait être différent, faites-le et prouvez que cela est pertinent. »

Anouk Szabo, ASUS

Le graphic designer est en charge de la production des visuels.

La maîtrise des techniques vectorielles et des logiciels spécifiques tels que InDesign permet au graphic designer d'exprimer pleinement toute sa créativité. Chaque graphic designer apporte sa touche personnelle mais il doit également être capable de répondre aux besoins, de comprendre les objectifs de communication et de pouvoir retranscrire l'identité des marques et des produits.

Une formation technique en graphisme est indispensable, mais les réalisations permettront d'évoluer vers d'autres postes. Cette position se retrouve souvent en agence, mais de nombreux designers opèrent en freelance après quelques expériences en entreprise.

Selon la formation et le niveau de maturité, différentes fonctions peuvent être exercées, principalement graphiste, dans une fonction d'exécution pure, mais aussi directeur artistique sur des profils plus seniors.

Le designer pourra s'orienter vers la direction artistique et la direction de création, plus orientées sur la conceptualisation des visuels que leur exécution. Il arrive parfois qu'un directeur artistique soit un profil junior sans être passé par le design. Sinon, il faudra avoir été designer pour aspirer à d'autres fonctions créatives ou des jobs plus seniors.

Ce métier est en constante évolution et il faut savoir rester à la pointe des nouvelles techniques de création, des innovations technologiques et de l'évolution des habitudes de consommation des plateformes digitales.

Cristina Adonizio
Titre : Art director
Entreprise : Freelance
Ville : Rome
Âge : 37 ans

Quelle formation est appropriée pour votre poste ?

Cristina : Je pense que suivre une école de design s'impose. Vous pouvez travailler sur plusieurs métiers graphiques et apprendre à travailler sur différents outils, ce qui vous donne une base forte. Ensuite, je recommanderais une école de spécialisation pour obtenir un master. À l'étranger si possible, pour découvrir d'autre méthodes d'enseignement, qui peuvent être très différentes l'une de l'autre dans le secteur créatif. Il est très important de s'entraîner à maîtriser les logiciels informatiques et de trouver sa propre méthode de travail.

Comment se déroule votre quotidien ?

Cristina : Au-delà de mon quotidien, je peux vous expliquer comment un projet se développe dans la vie quotidienne jour après jour. Étape 1 : planifier le travail, lire le brief, évaluer le nombre de jours, etc. Étape 2 : commencer les recherches, trouver des exemples existants, images, supports créatifs. Étape 3 : développer un concept. Étape 4 : conception d'exemples graphiques. Étape 5 : réalisation du projet choisi.

Quels conseils avez-vous pour ceux qui veulent devenir DA ?

Cristina : Pour devenir DA, vous devez avoir au moins trois ans d'expérience dans une agence. Vous devez avoir une première expérience en graphisme. Être DA, c'est également gérer et organiser son temps disponible pour terminer un projet tout seul et dans les délais. Cela implique de programmer chaque phase du travail et de comprendre les différences entre les différents types d'emplois/projets. Il est également très important de savoir utiliser les logiciels informatiques et de trouver sa propre méthode de travail.

Aurélien Foutoyet
Titre : Web designer
Entreprise : Freelance
Ville : Paris
Âge : 37 ans

Dans un rôle de web designer freelance, avec qui interagissez-vous au jour le jour ?

Aurélien : Cela varie en fonction de mes missions. Pour les start-up, je suis généralement en contact direct avec les dirigeants. Avec les agences, c'est plutôt les chefs de projet. Quant aux grandes entreprises, cela varie entre le chef de projet, les services informatiques ou la communication.

Quels sont les 3 principaux outils à maîtriser pour ce métier ?

Aurélien : Les logiciels de création (Sketch, Photoshop, Illustrator), de communication (e-mail) et de prototypage (InVision).

Comment voyez-vous évoluer ce poste ?

Aurélien : Aujourd'hui, les métiers du web se spécialisent avec des processus très découpés, incluant des experts à chaque étape comme expert user experience, creative designer, motion designer, unicorn developer, etc. Et pour accompagner cette évolution, nous avons désormais accès à des outils de plus en plus performants, comme par exemple le prototypage incluant de l'animation (motion design), qui nous permettent de travailler plus vite et de façon plus propre. Je vois cette tendance encore s'accélérer dans les prochaines années.

Anouk Szabo
Titre : Graphic designer
Entreprise : ASUS
Ville : Amsterdam
Âge : 25 ans

Que faites-vous au jour le jour chez ASUS ?

Anouk : Je crée les bannières publicitaires, les supports de communication en magasin et sur le site, les flyers et les newsletters.

Quels conseils donneriez-vous à un débutant ?

Anouk : Osez vous lancer sur ce que vous pensez être la meilleure solution. Quand on commence, on a bien entendu tendance à exécuter ce qu'on vous demande sans sortir du chemin tracé. Quand vous pensez que quelque chose devrait être différent, faites-le et prouvez que cela est pertinent.

Quelles tendances voyez-vous arriver ?

Anouk : Il y a énormément de personnes sur le marché, sur des expertises qui peuvent être différentes, en visual, graphic, digital... Je pense que cela va se consolider. De mon côté, j'ai beaucoup travaillé en agence, et maintenant que je travaille directement pour une marque, je veux continuer dans cette direction.

#12 Content producer

« La génération Z va modifier notre langage et les nouvelles audiences vont globalement être plus exigeantes. »

Giovanna Gallo, Freelance

Le content producer est apparu avec l'avènement des contenus de marque (brand content), c'est-à-dire les informations que les entreprises souhaitent véhiculer auprès de leur audience au-delà des simples formats publicitaires. Le déclin de l'impact des messages purement publicitaires a incité les marques à se distinguer par la qualité et l'unicité du contenu qu'elles produisent et proposent. Cela permet également de maîtriser le message sur des plateformes qu'elles gèrent directement, comme leur site internet ou leur page sur les réseaux sociaux.

Le content producer est désormais une fonction dédiée dont on pouvait auparavant retrouver les prémices au sein des community manager ou des responsables de sites internet.

Si l'on pense en premier lieu à l'écrit, ce sont cependant les contenus vidéos qui créent aujourd'hui le plus d'engagement et s'intègrent le plus aux modes de consommation actuels. Les formats audio comme les podcasts, autrefois oubliés, retrouvent également une audience forte chez les jeunes urbains, notamment lors des déplacements (prendre les transports en commun pour aller au travail par exemple), et bientôt sur tous les segments.

Issu d'une formation en communication, audiovisuel ou journalisme, le content producer peut être interne à l'entreprise dans le cadre d'une stratégie pérenne qui l'amène à créer de façon régulière pour la marque. Une partie des actions reste cependant ponctuelle ou nécessitera une expertise pointue et non disponible en interne. Dans ce cas, elle sera fournie par une agence ou un freelance. Toutefois, au fur et à mesure que les stratégies et formats deviennent plus matures, les marques internalisent de plus en plus ces fonctions.

Giovanna Gallo
Titre : Content producer
Entreprise : Freelance
Ville : Turin
Âge : 33 ans

Pour quelles marques ou groupes travaillez-vous ?

Giovanna : Je travaille principalement pour les marques du groupe Hearst Media, notamment Cosmopolitan et Lonely Planet. J'écris aussi pour des sites et blogs corporate.

Comment travaillez-vous avec vos clients ?

Giovanna : Je travaille principalement de chez moi. Nous choisissons les sujets avec le responsable digital et je travaille sur les contenus depuis chez moi. Quand j'écris un article, je dois suivre certaines règles en prenant en compte le SEO, ou encore le style du magazine.

Comment votre métier va-t-il continuer à évoluer ?

Giovanna : La génération Z va modifier notre langage et les nouvelles audiences vont aussi être plus exigeantes.

Omran Omaid
Titre : Content producer
Entreprise : Shopify
Ville : Toronto
Âge : 27 ans

Pouvez-vous nous en dire plus sur votre formation ?

Omran : J'ai étudié le design, les fondamentaux des médias et la production audiovisuelle, ce qui m'a amené à effectuer un stage où j'ai pu filmer des interviews de Phil Knight (PDG de Nike) ou de médaillés olympiques comme Ronda Rousey (sportive et catcheuse américaine). J'ai ensuite travaillé pour une plateforme de streaming live mais j'ai aussi toujours continué à développer mes propres projets à côté, ce qui a été primordial dans mon parcours.

Quelles sont vos tâches au quotidien ?

Omran : Je dirais que je passe mon temps sur de la génération d'idées, de la pré-production, du storyboarding, des shootings d'interviews et de l'édition de contenu vidéo pour l'interne. Pour cela, j'utilise principalement la suite Creative d'Adobe (Premiere Pro et Visual Effects), des équipements de shooting (lumière, caméra) et des outils de gestion de projets comme Google Calendar, Asana et Trello.

Quels conseils donneriez-vous à un débutant ?

Omran : Chez Shopify, on vous engage pour une expertise spécifique. Le processus d'embauche est très précis et on sait ce sur quoi vous allez être bon. Je recommanderais donc d'avoir confiance en soi et surtout d'apprendre sur l'entreprise, essayer de comprendre sa culture, connaître les personnes et ses valeurs autant que possible. Vous vous améliorerez naturellement dans votre travail.

Francesca Nicasio
Titre : Content marketing manager
Entreprise : Vend
Ville : Los Angeles
Âge : 32 ans

Comment avez-vous débuté dans le content marketing ?

Francesca : J'ai un diplôme en communication d'entreprise. J'ai toujours aimé écrire, je participais notamment au journal de mon université. Après mes études, j'ai occupé diverses fonctions liées à l'écriture pour des entreprises en tant que freelance. C'est à ce moment-là que j'ai commencé à apprendre le SEO, le content marketing, Wordpress, les blogs, etc.

Est-ce que vous pouvez expliquer votre travail ?

Francesca : Je m'occupe du content marketing de Vend, une solution de paiement digital. Cela inclut notre blog, mais aussi d'autres supports comme des e-books, des rapports, des livres blancs, etc. Mon premier objectif est d'augmenter le trafic du site, sa notoriété et de générer des leads à travers le contenu. Un second objectif est d'asseoir l'expertise de Vend dans le monde du retail. Du contenu de qualité aide à se faire identifier comme un leader sur le marché. Environ la moitié de mon temps est dédiée à la production de contenu : écriture, interviews, documentation, formatage et publication. Un autre tiers est dédié à la prochaine publication, à la recherche de mots clés pertinents, à répartir l'écriture.

Avec qui interagissez-vous le plus ?

Francesca : Je travaille pour le head of digital marketing. En fonction des projets, je peux travailler avec les équipes d'acquisition pour promouvoir le contenu (pub Google ou Facebook). Je peux travailler avec l'équipe SEO pour le trafic organique. Si les équipes produits ou régionales lancent un nouvel outil ou une campagne locale, je peux également leur apporter mon aide.

#13 Acquisition manager

« Le marketing digital change constamment. Les outils de search marketing et autres canaux sur lesquels je travaillais il y a 6 ans sont désormais obsolètes. »

Cristina Padilla, Babbel

L'acquisition manager a pris une importance prépondérante ces dernières années avec le développement de l'e-commerce et du business des outils (logiciels) en SaaS.

Il s'agit d'un poste dont la mission est d'optimiser le trafic généré et le nombre de clients convertis sur les sites ou applications mobiles des marques. Le rôle consiste à concevoir, configurer et gérer les campagnes publicitaires sur les différentes plateformes où une audience peut être captée - Google, réseaux sociaux, app stores mobiles et autres sites.

Les sites marchands utilisent aussi des systèmes d'affiliation. Certains acquisition managers pourront également s'occuper du référencement naturel (cf. SEO Manager) et devront comprendre les critères des moteurs de recherche pour indexer le contenu du site.

Ce poste se trouve, à ce jour, principalement dans les agences spécialisées web qui travaillent avec les clients PME ou certains grands comptes. Un nombre croissant de grandes entreprises auront leur service internalisé au sein des directions du marketing digital.

Des formations en marketing web ou en publicité permettent de devenir acquisition manager. Lorsque la fonction est couplée avec le SEO, pour lequel le contenu du site devient l'élément clé, des formations en communication ouvriront plus facilement les portes de ce poste.

Cristina Padilla
Titre : Senior SEM manager
Entreprise : Babbel
Ville : Berlin
Âge : 33 ans

Pouvez-vous nous expliquer votre métier ?

Cristina : Mon job est de m'assurer qu'une audience pertinente interagit avec nos publicités au bon moment au bon endroit. Je suis sur des tâches à la fois stratégiques (définition et choix des canaux, niveaux de budgets par pays) et opérationnelles (planning, prévisionnel, gestion et rapports de campagnes).

Quels outils utilisez-vous le plus ?

Cristina : Google/Bing/Apple Ads, Excel ou Data Studio et tous les outils d'analyses et de tests (Google Analytics, Outfit, Visual Website Optimiser, Adjust, Amplitude).

Quelles seront les évolutions majeures de votre fonction ?

Cristina : Le marketing digital change constamment. Les outils de search marketing et autres canaux sur lesquels je travaillais il y a 6 ans sont désormais obsolètes. Tout devient de plus en plus automatisé au fur et à mesure que les outils deviennent plus matures mais je suis sûre que de nouveaux canaux vont continuer à émerger et rendre mon job toujours plus intéressant.

Andrea Gonzalez
Titre : Digital campaign manager
Entreprise : Go-to Skincare
Ville : Sydney
Âge : 29 ans

Pouvez-vous décrire votre métier ?

Andrea : Je suis en charge des campagnes marketing digitales de l'entreprise, ce qui inclut les communications payantes sur les moteurs de recherche ou les réseaux sociaux, l'affichage publicitaire digital, l'envoi d'e-mails ainsi que l'optimisation du site internet. Je gère les budgets et définit le plan d'action, je transmets les consignes à l'équipe créative pour construire les visuels et aux développeurs si nécessaire. Je travaille aussi avec 3 agences externes en fonction des campagnes. Une autre partie de mon travail consiste à analyser les performances et le comportement des clients et d'en informer les équipes et le managing director.

Quelles sont les qualités nécessaires pour ce métier ?

Andrea : L'organisation et la gestion des délais sont primordiales. Il faut savoir travailler avec des équipes différentes et être capable de s'adapter aux situations, surtout dans une petite entreprise.

Comment voyez-vous évoluer ce poste ?

Andrea : L'une des meilleures choses dans le marketing digital est que cela évolue sans arrêt, parce que personne ne sait ce qui se fera dans 5 ans. Personne n'aurait pu imaginer l'importance de la publicité sur les réseaux sociaux. Est-ce que les influenceurs seront toujours d'actualité dans 5 ans ? C'est très difficile de le prédire. C'est pour ça qu'il est très important de continuer à apprendre et de suivre l'actualité du secteur afin de rester à la page.

Mirela Cialai
Titre : Director of mobile marketing
Entreprise : Zinio
Ville : New York
Âge : 45 ans

Pouvez-vous décrire votre métier ?

Mirela : Zinio est un kiosque en ligne qui convertit les magazines papier en contenu digital. Je travaille dans l'équipe mobile pour augmenter la notoriété de la marque et les abonnements en déployant notre stratégie marketing, en supervisant l'exécution de nos programmes et campagnes marketing du début du cycle de vente. Nos indicateurs de performance sont liés au comportement utilisateur sur l'application, avec une attention particulière sur la manière dont les clients réagissent à notre communication.

Comment se déroulent vos journées ?

Mirela : J'analyse le comportement du consommateur et le taux de rétention des nouveaux utilisateurs, je prépare des rapports de performance que je partage avec l'équipe dirigeante. J'identifie les problèmes rencontrés et mets en place des stratégies pour les surmonter. Je suis la concurrence et recherche des opportunités pour atteindre de nouveaux marchés et acquérir de nouveaux utilisateurs, etc.

Quel était votre parcours avant Zinio ?

Mirela : J'ai un bachelor en économie et plus de 15 années d'expériences dans le B2C (Business to Consumer) dans des environnements internationaux avec un accent sur la notoriété de la marque, les innovations digitales et mobiles.

#14 Recruteur•e

« Il vous faut avoir la peau dure, car il y aura chaque jour des succès mais aussi beaucoup d'échecs ! »

Nathan Davies, Marketing Moves

Nous avons placé la fonction de recruteur dans la matrice des métiers car tous les acteurs du secteur vont, à un moment donné, faire appel à un cabinet de recrutement ou s'entourer d'un responsable recrutement au sein même de leur structure. La pénurie de ressources qualifiées sur certains métiers du digital ont rendu cette fonction cruciale. Le rôle du recruteur reste et restera de trouver le bon candidat pour l'entreprise qui l'a mandaté pour ce poste. Dans les activités du numérique, ce rôle est cependant rendu plus difficile, mais donc aussi plus intéressant, à cause de 4 facteurs principaux.

D'abord car nous sommes dans une activité jeune qui a environ 20 ans, et qui voit donc de nouveaux métiers émerger tous les 18 à 24 mois.

Ensuite, parce que le système éducatif doit s'adapter et produire des formations et profils qui vont pouvoir répondre aux évolutions du marché. Cela prend bien sûr du temps, et, par conséquent, il y a souvent une pénurie de bons candidats sur plusieurs des fonctions listées dans la matrice.

La fonction n'échappe également pas au phénomène de « *plateformisation* » qui affecte d'autres activités. Le métier s'est bien structuré ces dernières années et il y a désormais un certain nombre d'acteurs spécialisés. Nous avons vu pu voir l'émergence d'acteurs comme Malt.fr ou Talent.io en France ou bien ZipRecruiter aux États-Unis.

Certaines de ces plateformes sont d'ailleurs plus que de simples outils de mise en relation. Elles intègrent parfois des algorithmes d'analyse de personnalité comme chez Applied ou des outils avancés de C.V. vidéo comme chez Tempo - deux start-up britanniques.

Enfin, le secteur est à la pointe du mouvement des travailleurs indépendants (freelance). Nombre de métiers, notamment les graphic designers, community managers, développeurs, que nous avons référencés sont en effet sont de plus en plus exercés par des freelances. Ce mouvement a donc des conséquences sur les processus de recrutement, les budgets et sur la relation entre les entreprises et les travailleurs.

Nathan Davies
Titre : Managing partner
Entreprise : Marketing Moves
Ville : Londres
Âge : 42 ans

Pouvez-vous nous décrire votre métier ?

Nathan : Je suis un recruteur « *360 degrés* » qui sert les clients pour lesquels je travaille. Mon job consiste à identifier et attirer les meilleurs candidats pour la fonction pour laquelle je suis mandaté. Nous devons connaître le marché, en rencontrant un maximum de candidats afin de trouver les meilleurs. Et cela doit se faire en physique, pas par e-mail ou téléphone, même sur des métiers du numérique !

Quelles sont les qualités requises ?

Nathan : Vous ne pouvez pas faire ce métier si vous n'aimez pas rencontrer de nouvelles personnes. Donc, être ouvert. Je dirais qu'il vous faut aussi avoir la peau dure, car il y aura chaque jour des succès mais aussi beaucoup d'échecs !

Quel sera le rôle du recruteur en 2025 ?

Nathan : Comme dans beaucoup de secteurs, la technologie et l'automatisation va prendre de l'importance mais le facteur humain restera toujours central - construire son propre réseau, rencontrer et filtrer les candidats notamment. Notre métier sera peut-être de concentrer notre expertise sur les top profils et de laisser les outils faire une part croissante du travail sur les profils à moindre valeur ajoutée.

James Pounder
Titre : Digital recruiter
Entreprise : Michael Page
Ville : Tokyo
Âge : 32 ans

Quel est votre profil et votre job chez Michael Page ?

James : J'ai étudié l'histoire à la Columbia University à New York et, plus récemment, la philosophie avec l'université d'Édimbourg. Après un stage en tant que professeur d'anglais à Tokyo, je suis resté ici et suis rentré chez Michael Page où je m'occupe du recrutement dans le secteur du digital. Mon rôle consiste à développer les relations avec nos clients entreprises du digital au Japon et de trouver les profils, locaux ou internationaux, pour lesquels ils font appel à nous. Nous sommes sur des profils de digital marketers, spécialistes e-commerce, développeurs ou data scientists.

Comment mesurez-vous le succès et quelle est l'expertise pour y arriver ?

James : Nous avons des objectifs de productivité et de chiffre d'affaires mensuels. Nous avons également des objectifs plus stratégiques comme le développement d'un marché spécifique par exemple. Cela requiert trois principales qualités selon moi : bien comprendre les processus de recrutement (entre le client et le sourcing du bon candidat), des capacités de négociations avec le client et le candidat et, enfin, la capacité à constamment développer son réseau.

Ferez-vous toujours le même travail dans 10 ans ?

James : Le rôle d'un recruteur va être très impacté par la technologie. La manière dont on source et interagit avec les candidats dépendra de plus en plus de systèmes de recommandations, d'outils CRM, etc. De plus, les postes que nous accompagnons seront beaucoup plus liés à l'intelligence artificielle ou au machine learning.

Christine Metaillier
Titre : Talent advocate
Entreprise : Talent.io
Ville : Paris
Âge : 32 ans

Pouvez-vous nous présenter Talent.io et votre rôle ?

Christine : Talent.io est une plateforme de recrutement de profils dans le monde du digital et notre ambition est de devenir la référence du recrutement dans la tech en Europe. Je passe la plupart de mon temps sur la recherche de candidats, les entretiens, l'élaboration de comptes-rendus, le coaching et l'accompagnement.

Quelles qualités requiert le métier de talent advocate ?

Christine : Il faut à la fois être curieux, persévérant mais aussi patient et résilient. Nous sommes sur un métier commercial qui nécessite de savoir prendre du recul sur les choses.

Quelles formations recommandez-vous pour ce métier ?

Christine : Cela dépend des personnalités, mais les bonnes formations peuvent être les écoles de commerce et/ou formation RH ou psychologie du travail.

Élise de Saint Didier
Titre : Fondatrice et DG
Entreprise : Executive Search Digital
Ville : Los Angeles
Âge : 40 ans

Présentez-nous ESD et votre rôle au sein de la société ?

Élise : Executive Search Digital est une agence de recrutement dans le digital basée à Los Angeles que j'ai créée. Mon rôle est d'identifier et de recruter les bons talents, souvent pour des postes de directeurs pour les acteurs du retail, de la tech et des start-up en général.

Pourquoi avoir créé votre propre société ?

Élise : Vous ne devenez pas naturellement recruteur à la sortie des études. Vous construisez votre carrière et développez votre expertise et réseau au fil du temps. J'ai été amenée à travailler sur le recrutement avec des clients au sein de mon réseau puis j'ai ensuite créé ma propre agence.

Comment voyez-vous l'évolution de votre métier ?

Élise : L'automatisation du sourcing des candidats est censée prendre plus de place à terme. Ceci dit, si c'était déjà le cas, nos clients utiliseraient Indeed ou LinkedIn pour recruter eux-mêmes. Or aujourd'hui, seulement 2% des C.V. sourcés via des outils sont pertinents, et, in fine, le recrutement est difficile à automatiser.

#15 Investisseur•e

« Powerpoint, e-mail et téléphone suffisent ! »

Virginie Lazès

Il nous semblait essentiel de traiter du rôle d'investisseur tant il est central dans l'écosystème digital. Sous cet intitulé, nous regroupons 2 métiers du secteur : les organisations qui investissent dans les start-up (les VCs ou Venture Capital) mais aussi les personnes qui conseillent les entreprises sur leurs levées de fonds (leveurs, advisors ou conseil M&A).

Dans l'écosystème des start-up, les investisseurs peuvent être catégorisés ainsi :

- Les Love Money, proches ou famille des entrepreneurs qui investissent à la naissance du projet et mettent les premiers montants jusqu'à quelques dizaines de milliers d'euros.

- Les BA (Business Angels) qui investissent en général dans les premiers 12-18 mois du projet avec quelques centaines de milliers d'euros.

- Les fonds d'investissements ou VCs qui peuvent mettre quelques millions (pour une première levée de fonds série A), quelques dizaines de millions (levée de fonds série B) ou 50 millions d'euros et plus (levée de fonds série C).

Il est donc possible de travailler dans un de ces fonds en tant qu'analyste ou partner selon le niveau de séniorité de la personne. Le job de l'analyste va être de travailler en amont sur le screening des prochains investissements potentiels et la faisabilité des deals, et en aval sur la gestion et l'accompagnement des investissements.

Plus globalement, le rôle du venture capitalist va être d'identifier les jeunes pousses à fort potentiel pour faire les bons investissements et rapporter le rendement annoncé sur une période donnée - de 5 à 10 ans en général selon le profil du fonds.

Le taux de réussite dans les start-up reste faible. Le poste requiert donc d'avoir une bonne connaissance du marché et des acteurs émergents. Il faut donc rencontrer un maximum d'entrepreneurs en permanence.

Il est intéressant de noter que, depuis quelques années, les acteurs industriels créent aussi leurs fonds d'investissement pour ne pas manquer la prochaine start-up qui va venir révolutionner leur marché. Il est donc également possible de jouer le rôle d'analyste au sein de ces structures.

Vinoth Jayakumar
Titre : Venture capitalist
Entreprise : Draper Esprit
Ville : Londres
Âge : 35 ans

Quel est votre rôle chez Draper ?

Vinoth : Je suis venture capitalist. Mon métier est de sourcer les sociétés dans lesquelles nous allons investir et de gérer celles dans lesquelles nous avons déjà investies. Pour cela, je dois constamment rencontrer de nouveaux entrepreneurs.

Quels outils utilisez-vous pour cela ?

Vinoth : Des outils opérationnels classiques de tous les jours comme Gmail et la suite Microsoft, mais également des outils pour trouver les meilleures start-up comme Crunchbase.

Quel est le futur de votre activité ?

Vinoth : Il y a constamment des cycles qui voient l'émergence de nouvelles technologies. Il y a eu le mobile, le web social, etc. L'I.A. va se répandre et toucher l'ensemble des industries, cela va « *driver* » les 10 prochaines années. Par ailleurs, nous allons vers une digitalisation toujours plus forte et tout va devenir encore plus décentralisé, dont notre rapport avec les entrepreneurs notamment.

Virginie Lazès
Titre : Partner
Entreprise : NC
Ville : Paris
Âge : 50 ans

Comment définiriez-vous votre métier ?

Virginie : Je dirige une banque d'affaires spécialisée en nouvelles technologies. Mon métier est de vendre des entreprises tech à des groupes industriels ou financiers. Je passe 50% de mon temps avec les équipes internes et l'autre 50% avec nos clients.

Quelles sont les 3 compétences requises pour exercer ?

Virginie : Je dirais que les « *hard skills* », les connaissances en finance sont bien entendu nécessaires - savoir analyser un bilan, structurer un business plan ou valoriser une entreprise - et ceci tout en anglais. Les « *soft skills* » jouent aussi un rôle primordial : le sens du contact et de la médiation notamment avec vos clients. Sur les outils : Powerpoint, e-mail et téléphone suffisent !

Comment voyez-vous évoluer votre secteur ?

Virginie : La difficulté, mais donc aussi l'opportunité, est que la tech (I.A., deep learning) va très rapidement toucher tous les secteurs. Nous allons donc avoir accès à un terrain de jeu beaucoup plus grand mais avec aussi plus de concurrents car même les banques d'affaires qui ne faisaient pas de tech vont devoir s'y mettre.

Alex Lazarow
Titre : Investment director
Entreprise : Cathay Capital
Ville : San Francisco
Âge : 35 ans

Pouvez-vous décrire votre rôle ?

Alex : Je suis directeur des investissements chez Cathay Capital, un fonds qui investit entre \$5M et \$20M par société. Je travaille sur 5 fonctions : le sourcing d'entreprises, la mise en place de deals, le support à notre portefeuille, la levée de fonds et les opérations du fonds.

Quelles sont les grandes évolutions du marché ?

Alex : Le métier de venture capitalist évolue constamment. On a de nouveaux modèles de financement et plein de nouveaux types d'acteurs comme les micro-funding, les mega-funds (celui de Softbank par exemple) ou les corporate ventures, qui représentent la moitié des deals en valeurs aux États-Unis désormais.

Quelles sont les qualités pour être un bon VC ?

Alex : Je dirais avant tout un bon équilibre entre des capacités analytiques et l'humilité. Je pense aussi qu'un fonds n'est peut-être pas le meilleur lieu pour un junior pour apprendre parce qu'il faut être très vite opérationnel et efficace.

Carolina Milanesi : l'éducation et la tech

Carolina Milanesi est la fondatrice de Heart of Tech, cabinet d'analyse des tendances des nouvelles technologies dans l'éducation. Elle nous éclaire sur sa vision de la transformation du secteur de l'éducation par la technologie. Elle est basée à San Francisco et adepte de l'école à la maison.

Les écoles sont supposées développer les compétences et capacités tout en encourageant les enfants à penser « *différemment* » et en maximisant leur potentiel. Malheureusement, la plupart des écoles y échouent toujours à ce jour. Les raisons résident dans les programmes qui n'arrivent pas à suivre la vitesse à laquelle notre monde change, les enseignants habitués à leurs façons de faire avec peu d'aide pour embrasser le changement, avec une technologie jetée pour faire bonne impression mais sans objectif clair. En d'autres termes, les écoles continuent de remplir les besoins de l'âge industriel plutôt que de préparer les étudiants à l'âge de l'information. Il est vrai que les vieilles méthodes centrées sur l'enseignant intègrent maintenant une approche focalisée sur l'élève. Mais cela répond plus au besoin de gérer des classes de plus en plus nombreuses qu'à un réel changement incitant la collaboration et l'esprit critiques des élèves.

La technologie : ami ou ennemi ?

On ne peut pas mentionner les changements du système éducatif sans évaluer la place à donner à la technologie dans les salles de classe. Elle est souvent critiquée, notamment par les parents qui souhaitent élever leurs enfants par la connaissance. Que les enfants apprennent à travers des applications mettrait les enseignants en difficulté car ils sont face à des élèves qui montrent différents niveaux de connaissances et de compétences. Cela les force également à dépendre de la technologie alors qu'ils ne sont pas forcément à l'aise avec. Or, aujourd'hui, il n'est plus seulement question d'acquérir des connaissances. Il s'agit d'apprendre d'une autre manière, obligeant ainsi les enseignants à modifier leur interaction avec les enfants. C'est le même challenge auquel font face les employeurs avec les Millenials, et maintenant avec la Gén Z, qui entrent sur le marché du travail. La technologie est une source d'appréhension parce que l'éducation se concentre sur la standardisation et non sur la personnalisation. Les élèves doivent se fondre dans un moule de paramètres prédéterminés par le système éducatif, laissant peu de place à la créativité et l'esprit critique.

L'intégration de la technologie n'est pas une agrégation d'outils

Les enfants apprennent différemment. Ceux qui ont accès à la technologie et à des jeux comme Minecraft développent une créativité sans aucune limite matérielle. Ces mondes pixellisés leur apprennent énormément sur les différents matériaux, la nourriture, la gestion des ressources, la gestion de projet, le travail d'équipe (avec le mode multijoueur) ou encore le calcul. Tout un tas de programmes sur Youtube comme Mineflix montrent comment apprendre et s'exprimer au travers des mondes et des histoires qu'ils créent. Les enfants apprennent de leur propre univers et ses possibilités de construction tout en essayant par eux-mêmes. La manipulation virtuelle de Minecraft est la créativité des Lego sous stéroïdes. Microsoft a créé la Minecraft Education Edition et les enseignants l'ayant testé parlent d'un meilleur engagement, de collaboration et d'un meilleur sentiment d'accomplissement. Adopter ce type d'outils peut transformer le système éducatif où les élèves aident, non seulement les autres élèves, mais aussi les professeurs. Cela peut faciliter la transition d'une méthode centrée sur un savoir livresque à une méthode basée sur la recherche, d'un mode d'apprentissage passif à actif, d'un programme décousu à intégré et multidisciplinaire, plus en accord avec les compétences requises dans le monde du travail.

Le Saint Graal de l'éducation personnalisée

À mesure que l'intelligence artificielle prend de l'importance pour les entreprises du numérique, notre système éducatif devrait se concentrer sur l'acquisition de compétences dont nos enfants auront besoin dans leurs carrières. Cela commence par reconnaître que les connaissances que ma génération a reçues (et qui m'ont été utiles) ne sont plus primordiales pour ma fille. Alors que l'on prépare nos enfants à entrer dans un monde où l'I.A. transforme l'univers du travail, il est possible que cette même I.A. améliore notre système éducatif actuel. Les écoles considèrent les élèves de manière identique, en particulier les écoles publiques américaines qui reçoivent un programme académique pour l'année. Cela dicte ce que les enfants doivent apprendre et à quel rythme, la manière de les évaluer et défavorise les enfants qui n'apprennent pas de manière conventionnelle. Bien sûr, la principale difficulté vient du fait que le nombre d'élèves dans une classe limite le temps d'attention que l'on peut donner à chaque enfant. C'est précisément là où la technologie peut jouer un rôle significatif en construisant un programme qui prend en compte les différentes capacités des élèves pour les aider ensuite au sein de la classe. La fonctionnalité live de OneNote peut par exemple aider à apprendre une langue étrangère même avec des problèmes d'audition. La technologie peut aussi être un lien entre l'école et la maison, en fournissant les outils aux parents pour mieux aider les enfants à accéder à des vidéos diffusées par les professeurs pour ceux qui ont manqué des cours ou qui auraient besoin de renforcement en écriture, lecture voire même en techniques de présentation.

Élargir les frontières de l'apprentissage

Les enseignants, comme des managers IT, doivent aussi faire face au fait que les enfants ont un accès à la technologie sans précédent. Cela veut dire qu'ils ont accès à un niveau d'information comme il n'y a jamais eu, ouvrant à la fois des opportunités et des challenges, que la technologie peut exploiter ou contenir. Avec tant de savoir à portée d'une recherche Google ou d'un assistant vocal, les enfants doivent comprendre d'où l'information provient en apprenant à la citer correctement dans leurs travaux. Microsoft donne la possibilité de vérifier votre travail contre le plagiat avec Copyleaks, s'assurant que le travail des autres est correctement référencé. Google va un peu plus loin avec Originality Reports au sein de leur suite de produits qui permet aux professeurs de vérifier le travail des étudiants par rapport à ce qui a été réalisé auparavant. Apprendre à s'inspirer du travail des autres pour façonner ses pensées et ses opinions et comprendre la différence avec le fait de copier le travail des autres est primordial, et de plus en plus important en grandissant.

Avec des outils comme Microsoft Stream et ses sous-titres automatiques, les retranscriptions interactives (searchable) dans 8 langues ou le pouvoir de Microsoft Translator, nous ne sommes plus limités par une langue maternelle et un lieu de résidence pour avoir accès à des enseignants. Quiconque peut désormais apprendre par des professeurs dans des pays qui sont plus avancés dans la personnalisation de l'éducation que les États-Unis. C'est le reflet d'un monde sans frontières dans lequel nos enfants vivent aujourd'hui. Pensez-vous que c'est parce qu'un Youtubeur ou un e-gamer sur Twitch vient d'un autre pays et parle une autre langue que cela empêche nos enfants de s'améliorer sur Fortnite ? Ayez une Gén Z à la maison et vous saurez que ce n'est pas le cas, donc pourquoi cela serait-il différent lorsqu'il s'agit d'apprendre les sciences ou les mathématiques ? J'ai hâte de voir comment l'I.A. peut enrichir nos réflexions en aidant à ressortir les data et l'information. Ce n'est pas que l'I.A. remplacera le rôle des enseignants ou fera le travail des étudiants. Il s'agit de renforcer les deux par le savoir et l'esprit critique pour que leurs pensées et leur apprentissage aient un champ d'action exponentiellement plus large, diversifié et inclusif.

#16 UX manager

« Notre métier requiert une grande capacité à se projeter dans le futur. Nous sommes au croisement de la stratégie, du design et de la tech. »

Juraj Vojnik, BCG Digital Ventures

L'UX se réfère à la « *user experience* », ou l'expérience utilisateur, et peut aussi se retrouver sous la dénomination UI pour « *user interface* », ou l'interface utilisateur.

Pour un site internet ou sur des interfaces logicielles, la tâche d'un UX manager va être de s'assurer d'une navigation fluide entre les sections et que l'utilisateur trouve ce qu'il recherche - et donc que l'architecture du site et sa structure soient cohérentes.

Deux exemples d'acteurs pour lesquels l'enjeu est crucial :

- Les sites marchands, pour lesquels la navigation est un élément clé dans l'acte d'achat. Le même bouton placé à deux endroits différents du site peut générer des taux de mise en panier très différents. L'un des défis majeurs est de s'adapter à une audience qui aura différents degrés de maturité avec le digital, des modes d'accès variés (ordinateur avec écran 16:9 en format paysage ou smartphone avec un format portrait) et des accessibilités inégales (fibre optique, réseau 3G, 4G, Wi-Fi…).

- Les éditeurs de logiciel et applications, de plus en plus mobile-first, pour lesquels il faut s'assurer que les outils proposés soient faciles à utiliser. Un client qui utilise l'outil est un client qui renouvelle plus facilement sa licence d'utilisation en fin de contrat.

Le poste peut être inclus au sein des équipes design, et en cela l'UX manager peut avoir la maîtrise d'outils graphiques tels que Photoshop, InDesign, Sketch, et des techniques de design digital. Il doit aussi avoir de bonnes connaissances marketing afin d'identifier les évolutions et les besoins des utilisateurs. Le suivi des évolutions technologiques est également indispensable car elles changent rapidement (HTML5, CSS3…).

Les postes d'entrée se trouvent principalement encore en agence de communication ou chez les éditeurs de logiciel. Certaines entreprises recherchent des postes techniques purs, plus tournés vers le UX design, qui nécessitera sans doute moins d'interactions avec les autres fonctions (content producer, acquisition manager, CRM manager…)

Juraj Vojnik
Titre : Experience lead design
Entreprise : BCG Digital Ventures
Ville : Los Angeles
Âge : 40 ans

Qu'est-ce que l'entité Digital Ventures chez BCG ?

Juraj : Nous sommes une start-up au sein de Boston Consulting Group dont le rôle est d'inventer, lancer et « *scaler* » de nouvelles lignes de business pour les grands groupes avec lesquels nous travaillons.

Qu'est-ce qu'être un experience lead design ?

Juraj : Mon job est de développer des nouveaux produits et services en prenant en compte toutes les complexités liées au business et à ce que cela peut apporter au client. Cela requiert notamment une grande attention aux détails et la capacité à se projeter dans le futur. Nous sommes au croisement de la stratégie, du design et de la technologie.

Quelles qualités cela requiert-il en priorité ?

Juraj : Je dirais avant tout de l'empathie car il faut comprendre le monde qui nous entoure dans les détails. Être capable d'entendre, accepter et utiliser la critique, qui vient souvent de notre équipe de recherche. Et enfin de la vitesse et de la flexibilité.

Mischa Weiss-Lijn
Titre : UX manager
Entreprise : Google
Ville : Londres
Âge : 44 ans

Quel est votre rôle chez Google ?

Mischa : Je gère une équipe de design qui travaille sur une suite d'applications internes, développées pour les équipes de Google. C'est une équipe de 13 personnes : product designers, chercheurs et product managers. Je gère directement les designers, pilote notre process de design, revois nos travaux et gère la relation avec le management.

Quelles sont vos tâches au quotidien ?

Mischa : Passer du temps en one-to-one avec mes équipes - support, mentoring, régler les problèmes. Ensuite, revoir tout le travail de design qui a été fait. Travailler sur les projets clefs. Enfin, travailler sur l'optimisation des process.

Comment voyez-vous votre profession évoluer ?

Mischa : On s'éloigne d'un monde dominé par les agences de design vers une expertise qui est maintenant chez le client. Les juniors ont moins l'opportunité de toucher à tout comme en agence. Cela veut dire que les managers au-dessus doivent désormais avoir l'ensemble des compétences en UX, recherche et visual design.

Debbie Yang
Titre : UX manager
Entreprise : SAP
Ville : Shanghai
Âge : 39 ans

Quelle est votre formation ?

Debbie : J'ai un master en human computer interaction. J'ai commencé en tant que user experience designer, puis comme user researcher avant d'être promu UX manager. Les candidats doivent avoir une solide expérience en interaction design et user research. Certains sont aussi très bons en visual design. Mais vous pouvez sortir de différentes formations pour y arriver : design industriel, design de produit, psychologie, Beaux-arts.

Quels outils utilisez-vous le plus ?

Debbie : Microsoft Office, Axure et Photoshop.

Comment allez-vous évoluer dans votre job ?

Debbie : Nous sommes dans un domaine où les technologies évoluent sans cesse. Par exemple, tout ce qui touche au conversational UI prend de plus en plus d'importance. Nous devons toujours être au courant des nouvelles tendances.

#17 Data scientist

« Il ne faut pas perdre de vue les bénéfices commerciaux de son travail. »

Nicolò Musmeci, Aviva

Tout est traçable avec le digital et les informations collectées sont trop massives pour pouvoir être gérées manuellement ou via des outils tels qu'Excel.

Le data scientist est en charge de la mise à disposition et de l'analyse de ces données dans les meilleurs formats pour qu'elles puissent être exploitées. Il faut ainsi de fortes connaissances en méthodes de collecte, stockage, extraction et analyse. Il s'occupera du stockage et de l'architecture afin de prendre en compte les 5V des big data : Volume, Vitesse, Variété, Valeur, Véracité.

En fonction des besoins de l'entreprise, le poste pourra être plus orienté vers des besoins d'analyse (à visée commerciale notamment), de prédiction (par des modèles statistiques ou de machine learning) ou d'automatisation. Les data analysts seront en charge d'exploiter les données, alors que les data scientists auront une vision plus transverse sans toujours donner de conclusion sur la signification ou la possible utilisation concrète de ces informations.

La maîtrise de certains langages informatiques est indispensable. On peut ainsi citer, entre autres, un langage de programmation tel Python, C++, JavaScript pour automatiser l'ingestion ou l'interaction avec les données, du langage SQL pour les extraire et des outils d'analyse tels R ou SAS. Les postes en data science sont majoritairement accessibles aux diplômés en science de l'informatique, statistiques ou mathématiques, tandis que les data analyst peuvent avoir des profils plus commerciaux.

Ce sont des profils parmi les plus recherchés du digital, notamment dans le marketing, parce qu'ils sont à la frontière entre le profil technique et commercial, et que la gestion et l'utilisation appropriées des données sont en pleine expansion. Les profils cumulant la technique et la compréhension du business sont rares.

La connaissance du traitement des données peut permettre d'évoluer vers des postes d'analystes, de CRM manager ou de chief technology officer (CTO).

Thea Backlar
Titre : Data scientist
Entreprise : Ogury
Ville : Paris
Âge : 33 ans

Pouvez-vous nous décrire votre rôle chez Ogury ?

Thea : Je suis product manager spécialisée sur la data et les insights chez Ogury, start-up sur le marketing mobile. J'ai deux objectifs principaux : le développement de nouveaux produits d'insights et l'enrichissement de nos offres existantes.

Quel a été votre parcours avant ce poste ?

Thea : J'ai un diplôme en psychologie de la Columbia University à New York. J'ai travaillé pour une entreprise qui effectuait des travaux de recherche sur le monde de la publicité, ce qui m'a amenée à travailler dans ce secteur, d'abord chez Comscore puis chez Ogury où j'ai commencé en tant que directeur des études.

Quel est votre travail au quotidien ?

Thea : Je suis à 90% dans des réunions de coordination interne ou avec des clients. En termes de sujets, je travaille principalement sur le planning produit, en coordination avec les équipes produit mais je passe aussi du temps à enquêter sur des problèmes que nous pouvons rencontrer avec nos clients.

Nicolò Musmeci
Titre : Senior data scientist
Entreprise : Aviva
Ville : Londres
Âge : 32 ans

Quelle formation avez-vous suivi ?

Nicolò : J'ai un PhD en maths financières et un master en physique. Avant de rejoindre Aviva, j'ai été data scientist pour une société de crédits. L'esprit de recherche que j'ai développé pendant mon PhD m'a vraiment aidé à devenir un meilleur data scientist.

C'est quoi être data scientist chez Aviva ?

Nicolò : Je permets au marketing de mieux personnaliser leur communication via des solutions d'A/B testing, de machine learning et de data visualisation. Mon objectif est d'apporter à ces équipes les dernières techniques de data science pour leur permettre de créer la meilleure expérience client. La moitié de mon temps est dédiée à l'exploration et à la préparation des data, un quart à les modéliser, un quart à comprendre les besoins et les enjeux business.

Que faut-il pour être un bon data scientist ?

Nicolò : Il faut bien sûr avoir les bases techniques en SQL, Python et R. Je dirais qu'il faut toujours être proactif pour amener les bonnes solutions et avoir de bonnes capacités de présentation et de communication. Pour cela, il faut ne pas perdre de vue les bénéfices commerciaux de son travail. J'aimerais aussi ajouter que tout ce qui touche au NLP (Natural Language Processing, ou Traitement Automatique des Langues) et à la reconnaissance d'images prendra de plus en plus d'importance donc n'hésitez pas à travailler sur des librairies telles que Keras ou Fastai.

Pawel Goralczyk
Titre : Senior data scientist
Entreprise : Deliveroo
Ville : Londres
Âge : 34 ans

Quel est votre parcours ?

Pawel : J'ai obtenu un master en mathématiques appliquées à Varsovie et j'ai toujours été intéressé par les statistiques. J'ai d'abord travaillé dans des groupes d'études (Nielsen, GFK) puis j'ai déménagé à Londres pour rejoindre le monde du jeu mobile chez King (Candy Crush) avant d'entrer chez Deliveroo l'année dernière.

Que faites-vous au jour le jour ?

Pawel : Je travaille sur le design et l'analyse de nouveaux dispositifs que nous testons sur la livraison de plats. Je travaille de façon étroite avec les développeurs, notamment ceux qui implémentent les modèles de machine learning qui améliorent la performance de notre réseau.

Comment voyez-vous le rôle évoluer ?

Pawel : Beaucoup de choses vont pouvoir être automatisées. C'est d'ailleurs une part de plus en plus importante de ce que je fais. Ça dépend fortement du secteur, mais tout ce qui est expérimentation pourra être automatisé, même si les analyses ad hoc ou plus sophistiquées nécessiteront l'apport des humains.

#18 SEO manager

« La pratique n'en est qu'à ses débuts et rompt avec un passé qui pouvait contenir des aspects trompeurs ou manipulateurs. »

Jane Sanderson, DAC

Le Search Engine Optimization consiste à améliorer la visibilité des sites, contenus et applications mobiles dans les moteurs de recherche afin d'accroître les visites dites organiques, en opposition au trafic payant.

Sur ordinateur, 90% des utilisateurs qui effectuent une recherche sur Google cliquent sur un lien apparaissant dans la première page de résultats et 70% d'entre eux le feront parmi les trois premiers résultats. Et les chiffres sont encore plus élevés sur mobile, source majeure du trafic internet. Le métier consiste donc à mettre en place la stratégie adéquate entre les termes de recherche génériques les plus populaires, avec plus de concurrence, et le « *long tail* » où des mots-clés moins utilisés permettent d'acquérir une visibilité plus facilement.

Le SEO peut être protéiforme en fonction des formats de contenu à disposition : audio, vidéo, texte, interactif. Le SEO manager peut intervenir de plus en plus sur les nouveaux outils de recherche verticaux : Apple et Android sur les appstore mobiles, Amazon pour les descriptifs produits d'e-commerçants ou Youtube sur les contenus vidéos.

Les algorithmes étant en constante évolution, il faut constamment se tenir informé et s'adapter aux mises à jour. Ce poste est en contact récurrent avec les content producers, l'un des piliers de l'indexation, mais aussi les UX managers ou les graphic designers ainsi que les développeurs pour la qualité des plateformes.

Le métier est à l'intersection de la communication et de la technologie digitale. Cela requiert une bonne culture digitale sans nécessiter de compétences techniques pointues, même si des connaissances en HTML, par exemple, est un véritable avantage.

Les formations pour y accéder peuvent être variées mais l'on retiendra principalement les formations en communication, en langues, journalisme et marketing digital. Dans les structures de plus petites tailles, ce métier pourra être cumulé avec celui de content producer, de SEA (Search Engine Advertising, le référencement payant) ou acquisition manager, UX manager voire de community manager.

Jane Sanderson
Titre : SEO manager
Entreprise : DAC
Ville : Toronto
Âge : 45 ans

Quelle est votre formation ?

Jane : J'ai une formation en anglais et histoire, mais j'ai également suivi pas mal de cours en coding et psychologie. Je travaille sur des sites web depuis que j'ai quitté l'université et sur le sujet du SEO depuis 7 ans. Je trouve d'ailleurs que les candidats avec une bonne éducation supérieure, travailleurs et attentionnés, notamment vis-à-vis des clients, font d'excellents SEO managers.

Quel cours accéléré donneriez-vous à un débutant ?

Jane : Cela dépend de sa personnalité mais je commencerais par lui donner une vue d'ensemble de l'historique du SEO. Je décrirais le travail que nous faisons et les avantages qu'en tirent nos clients. Je l'encouragerais à rechercher par soi-même sur le web et je l'aiderais sur des tâches spécifiques. C'est un domaine qui change constamment et la première qualité est d'aimer apprendre. Je l'encouragerais à faire cela.

Vers quoi le métier va-t-il évoluer ?

Jane : Le SEO va devenir de plus en plus verticalisé - par secteur d'activité ou par moteur de recherche (ex : Google, Amazon, YouTube). La pratique n'en est qu'à ses débuts et rompt avec un passé qui pouvait contenir des aspects trompeurs ou manipulateurs. Dans le futur, j'espère que le SEO sera plus proche de sujets tels que l'accessibilité du web, les recherches sur site, la qualité de navigation et l'expérience utilisateur.

Elissaveta Iankova
Titre : Senior content marketing manager
Entreprise : Zalando
Ville : Berlin
Âge : 33 ans

Quel est votre rôle en tant que SEO manager ?

Elissaveta : Notre objectif est clair. C'est de faire en sorte que nous soyons numéro 1 sur tous les mots-clés Google relatifs à notre activité. Je travaille dans une équipe d'une taille importante et nous devons collaborer de façon étroite au jour le jour.

Quelle est votre activité et quels outils utilisez-vous ?

Elissaveta : Je produis principalement des rapports d'analyse, je vérifie nos positions et la progression de nos projets chaque jour. Pour cela, j'utilise surtout les outils Google tels que Google Analytics, Console et Ads.

Où vous voyez-vous à terme ?

Elissaveta : Toujours dans le domaine du marketing mais pas forcément sur le sujet SEO.

Aneel Badyal
Titre : SEO manager
Entreprise : Saatchi & Saatchi
Ville : Toronto
Âge : 29 ans

Comment se former pour faire du SEO ?

Aneel : Un background en marketing est intéressant mais cela passe surtout par l'apprentissage sur le tas car la plupart des écoles ne l'enseignent pas. Il y a des sites comme moz.com qui proposent des guides pour débuter dans le SEO et Google permet de se former gratuitement à leurs produits. J'utilise Google Search Console et Google My Business dans mon travail. Il faut développer ses compétences dans l'écriture du contenu, savoir effectuer des recherches, établir des reporting et être doué de capacités d'analyse pour établir sa stratégie.

Quelles tendances voyez-vous dans votre fonction ?

Aneel : L'automatisation va prendre de plus en plus d'importance et, surtout, il sera toujours important de rester bien informé sur les tendances car cela bouge rapidement. Il va encore y avoir des changements importants. Google a énormément de poids dans notre industrie et les autres moteurs de recherche changent constamment.

Et quel y sera votre rôle ?

Aneel : Je pense plutôt travailler sur la stratégie et passer moins de temps sur les tâches opérationnelles. Pour cela, il faudra plus travailler avec l'intelligence artificielle et automatiser les tâches du quotidien. Il faudra continuer à beaucoup tester et expérimenter.

#19 Sales manager

« J'aime l'adrénaline de la vente quand les discussions avec le client s'accélèrent et que vous réalisez que vous allez signer. »

Patrick Amelson, Xperi

Comme dans tout secteur, le rôle du sales manager va être de vendre un produit ou un service, et donc, notamment, de faire fructifier son réseau.

Peut-être plus que toute autre fonction dans le secteur du digital, le job de sales manager ou commercial peut recouvrir plusieurs types de postes. Pour simplifier, on peut y voir deux grands types de rôles :

- Le chasseur ou responsable new business, dont le rôle est d'aller chercher des nouveaux clients. À l'avenir, ces profils travailleront de plus en plus avec le marketing dont le rôle est, via l'activité de growth marketing, de leur fournir des contacts qualifiés et des leads depuis le digital.

- L'account manager, dont le rôle est de gérer les clients existants. Cette fonction nécessite de passer plus de temps avec les équipes de gestion de projet et produit, qui vont s'assurer du bon déroulé du projet et de la satisfaction du client.

Il y a aussi bien sûr la fonction plus spécifique de pre-sales manager, ou commercial avant-ventes, que l'on traite ailleurs dans ce livre.

On note aussi l'émergence du rôle de SDR (Sales Development Representative) qui s'est développé au sein des éditeurs de logiciels et qui est le lien entre les équipes de marketing digital et les commerciaux pour filtrer et développer les leads générés depuis les points de contacts digitaux.

La plupart des commerciaux sont issus des écoles de commerce, d'I.A.E. ou de formations plus courtes (IUT, BTS...). Le poste de commercial requiert avant tout des qualités d'ouverture, de l'intelligence émotionnelle, d'une bonne communication, mais également de la rigueur et de la persévérance, ce qui peut parfois être sous-estimé. Les qualités, les méthodes et l'état d'esprit requis vont aussi être également différents selon la structure dans laquelle le commercial opère. Un commercial pourra avoir besoin de se reposer sur son réseau personnel et l'intuitu personae alors que chez un éditeur de logiciels ou d'une technologie en mode SaaS, l'essentiel de l'acquisition de nouveaux clients va se faire en ligne et via des méthodes de lead generation plus automatisées.

Jessica Lim
Titre : Regional senior sales manager
Entreprise : RTB House
Ville : Singapour
Âge : 30 ans

Quel est votre rôle au sein de RTB House ?

Jessica : RTB House se positionne sur la publicité personnalisée en temps réel. Mon métier est de montrer à nos clients et futur clients la valeur et l'efficacité de nos produits afin qu'ils continuent à travailler avec nous et augmentent leurs dépenses publicitaires. Pour cela, je travaille chaque jour avec nos commerciaux pour améliorer les process, les KPIs de réussite de chaque projet.

Comment répartissez-vous votre temps ?

Jessica : Ma fonction principale est la gestion de notre prospection. Cela inclut le développement de notre pipe commercial (liste de prospects approchés) et la supervision des chiffres de prévision des ventes notamment. De plus, je me tiens au courant des actualités et mouvements dans notre secteur et passe aussi une partie de mon temps avec les autres équipes en interne (gestion clients, campaign managers).

Comment voyez-vous votre rôle évoluer ?

Jessica : Comme beaucoup d'acteurs du secteur, je pense que l'I.A. et l'automatisation vont prendre de plus en plus de place. Que ce soit dans la prospection de nouveaux clients ou dans l'opérationnel (la gestion des campagnes par exemple). Mon rôle à l'avenir sera peut-être plus orienté sur la gestion de comptes existants.

Ludovic Thevelin
Titre : Account executive
Entreprise : Google
Ville : New York
Âge : 27 ans

Pouvez-vous décrire votre fonction et vos objectifs ?

Ludovic : Je travaille chez Google à New York dans une petite équipe de 6 personnes dont le rôle est de trouver des nouveaux clients à fort potentiel pour développer notre croissance. Mon rôle consiste à travailler avec ces nouveaux clients et faire en sorte qu'ils utilisent bien nos solutions de publicité et en soient pleinement satisfaits.

Que faites-vous au quotidien et quelles qualités cela requiert-il ?

Ludovic : Je passe la majeure partie de mon temps sur le développement de la clientèle, je dirais 30% à leur contact et 25% en préparation (recherche, stratégie). Le reste est consacré au reporting et à l'analyse (25%) et à d'autres tâches administratives (10%). Les qualités requises sont des compétences en vente, savoir gérer son temps et résoudre les problèmes.

Comment voyez-vous la suite de votre carrière ?

Ludovic : Mon poste actuel chez Google requiert le développement de relations avec des clients autour de l'utilisation de produits spécifiques. Je pense, qu'à terme, je m'orienterai vers des fonctions où la réflexion stratégique et le design sont plus prédominants. Le secteur publicitaire va utiliser des solutions de plus en plus automatisées, et la valeur ajoutée va se trouver dans la partie stratégique, en amont, plutôt que dans l'exécution des campagnes ou la connaissance produit.

Patrick Amelson
Titre : Regional sales manager
Entreprise : Xperi
Ville : Munich
Âge : 45 ans

En quoi consiste votre rôle chez Xperi ?

Patrick : Je suis sales manager international chez Xperi, leader technologique dans les solutions audio. Je suis responsable de la verticale Auto, mes clients sont donc les constructeurs et les fournisseurs automobiles pour le son, la radio ou l'assistance à la conduite pour éviter les accidents par exemple.

Quelles sont les particularités du secteur ?

Patrick : Je vends des produits très « *tech* » et je dois donc constamment m'appuyer sur les experts internes, notamment nos pre-sales managers qui viennent voir les clients avec moi. Ensuite, nous sommes sur des cycles de vente longs liés à la sortie de nouveaux véhicules, parfois sur 5 à 8 ans. Chaque commercial ne gère donc que quelques (gros) clients.

Qu'est-ce qui vous plait dans ce métier ?

Patrick : L'adrénaline de la vente quand les discussions avec le client s'accélèrent et que vous réalisez que vous allez signer ! Par ailleurs, j'aime le mode de travail de Xperi qui est une société californienne chez qui les commerciaux, comme moi, font beaucoup de home office. Mon rôle requiert donc que je voyage beaucoup (avant l'arrivée du COVID-19), même si les video calls se démocratisent très vite. Enfin, les bonus sont principalement basés sur les résultats de la société et non sur les résultats personnels. En effet, chaque commercial de chaque région parlant au même client (mon équivalent aux États-Unis parle avec BMW USA quand je parle avec BMW Europe), cela rend la mesure des performances individuelles compliquées. Cela fait ressortir le côté travail en équipe.

#20 Influenceur•e

« Les marques travaillent avec des personnes qui contribuent à les élever de manière créative et attractive. »

Igee Okafor, Bond Official

Nous avons beaucoup hésité avant d'intégrer les influenceurs dans la matrice des métiers du digital. Mais après tout, même si les perspectives économiques restent incertaines, de plus en plus de personnes en font leur métier ou en tirent des revenus complémentaires et la fonction d'influenceur couvre une multitude de profils qu'il nous semblait intéressant de l'expliquer dans ce livre.

Commençons par préciser que l'influenceur a toujours existé. L'avènement du digital l'a rendu mesurable et les réseaux sociaux ont accentué son importance. Ce n'est plus nécessairement la jeune fille urbaine, amatrice de mode, qui poste sur Instagram. Si c'est ce que la plupart des personnes ont en tête, des influenceurs peuvent être aujourd'hui utilisés par des marques de tout secteur (finance, automobile, etc.), sur des supports digitaux variés (Instagram mais aussi Twitch, YouTube) et pour des cibles très différentes : les influenceurs existent aussi dans le monde du B2B où des personnalités émergent sur LinkedIn.

Le marketing digital raffole des metrics et la puissance d'un influenceur va être mesurée à l'aune de la quantité de followers sur les différentes plateformes digitales et du taux d'engagement de sa communauté.

Avec un sujet qui devient de plus en plus mature, les influenceurs ont été catégorisés comme suit - même si on peut toujours discuter ce type d'approche :

- Les nano-influenceurs, qui ont en général moins de 5 000 followers. S'agissant de personnes lambda, leurs publications peuvent s'apparenter pour les marques à des avis consommateurs.

- Les micro-influenceurs, qui ont en général entre 5 000 et 100 000 followers et sont spécialisés sur un sujet de prédilection (mode, sport ou autre). Ils peuvent en vivre, mais certains arrondissent leur fin de mois en monétisant leur communauté.

- Les macro-influenceurs, qui drainent des communautés supérieures à 100 000 membres. Ce sont des digital natives qui ont su développer très tôt une communauté de suiveurs en ligne ou des personnalités connues qui sont venues sur le digital, par exemple des sportifs célèbres, des acteurs ou des animateurs TV. Ces influenceurs peuvent travailler avec des marques sur le long cours et des budgets importants.

Il est aussi intéressant de noter qu'une économie s'est mise en place autour de ce phénomène : agence de gestion d'influenceurs, outils pour les identifier et gérer les campagnes, etc.

Estelle Durguerian
Titre : Client success director
Entreprise : Obviously
Ville : Paris
Âge : 27 ans

Quel est votre métier ?

Estelle : Obviously est une agence de marketing d'influence. Je dirige l'équipe client success de l'agence et nous gérons tous les aspects relationnels et opérationnels entre les clients et les influenceurs. Nous sommes l'intermédiaire entre ces acteurs. Notre travail consiste à monter des opérations de marketing d'influence créatives, à nous assurer de la faisabilité d'un projet et de son aboutissement, à gérer les rétroplannings de la phase de brief au bilan. Tout cela en assurant le suivi relationnel du côté du client et du côté de l'influenceur. J'occupe une fonction d'encadrement mais, avec le format start-up d'Obviously, je reste très opérationnelle et un couteau suisse.

Quel a été votre parcours ?

Estelle : Je suis issue d'un master en communication. J'ai eu une première expérience dans les médias pour la marque Yves Saint Laurent Beauté où je coordonnais les parutions presse et TV. Puis j'ai travaillé chez Tati en tant que chef de projet pour assurer la production et la distribution des catalogues publicitaires, animer les réseaux sociaux et la communication en magasin.

Comment pensez-vous que ce marché va évoluer ?

Estelle : L'évolution rapide des usages des réseaux sociaux nous oblige à être à la fois robustes stratégiquement et technologiquement mais également agiles et rapides. Notre marché est actuellement assez encombré par des acteurs plus ou moins solides mais cela se régule progressivement. L'influence, c'est surtout un très vieux métier en perpétuel renouvellement. Je suis à ce jour incapable de dire ce qu'il sera dans 3 ans tant les évolutions des usages sont rapides.

Igee Okafor
Titre : Influenceur
Entreprise : Bond Official
Ville : New York

Quelle est votre activité ?

Igee : Je suis tout d'abord rédacteur en chef d'une publication (Bond Official). De plus, je fais la promotion de différentes marques et vêtements sur les réseaux sociaux. Je passe mes journées sur les e-mails, les calls, les meetings et la création de contenu. Je suis à la fois mannequin, producteur, art director, event planner, ambassadeur de marques, etc. Je travaille avec les directeurs de comptes d'agences, les responsables des relations publiques, des photographes, etc. Chaque fois que j'ai une idée pour une marque spécifique, je la soumets à mes contacts en RP (Relations Publiques) ou en agence qui m'aident à ce qu'elle soit validée et à confirmer les termes du partenariat. Si l'on vient me voir, je décide si je souhaite faire partie du projet et on définit les conditions tarifaires.

Quelles sont les qualités nécessaires ?

Igee : La communication. Vous devez être capable d'articuler correctement vos intentions et objectifs recherchés. Apportez de la créativité parce que les marques travaillent avec des personnes qui contribuent à les élever de manière créative et attractive. Sachez prioriser car vous pouvez être en burn-out à cause de la charge de travail entre le networking, les évènements, les deadlines, les nouveaux projets, les e-mails, etc. On ne sait jamais quand on doit finir un rendez-vous plus tôt afin de voyager pour une autre opportunité qui s'est présentée la veille.

Quels conseils donneriez-vous pour réussir ?

Igee : Il n'y a vraiment pas de formule magique. J'alimentais un blog perso sans intention de faire de l'argent. Tout d'un coup, il y a eu une communauté et l'opportunité de la monétiser selon mes envies, mais d'abord sans que je puisse me passer de mon travail avant de le quitter quelques années plus tard car mon contenu sur les réseaux sociaux avait assez de valeur. Pour quelqu'un de nouveau, je dirais d'utiliser la première année comme une phase de test, de modifier en fonction de ce que les autres font, de voir ce qui fonctionne ou pas et de découvrir sa touche personnelle. Adaptez et posez toutes les questions possibles, même si elles semblent inappropriées. Si j'avais à former quelqu'un, j'insisterais sur le respect des délais, la direction artistique et les interactions avec des clients en physique.

Hannah Power
Titre : Personal branding specialist
Entreprise : Powerful leaders
Ville : Londres
Âge : 27 ans

Quelle est votre activité ?

Hannah : J'ai ma propre agence de développement de personal branding en B2B. Je travaille avec des individus mais aussi avec des sociétés qui font appel à moi pour leurs employés. Je développe leur visibilité en ligne via 3 activités : du consulting en travaillant directement avec eux, des workshops et des formations que je dispense par l'académie que je suis en train de lancer.

Que faites-vous au jour le jour ?

Hannah : Je crée du contenu pour mes clients - mais aussi pour moi car je travaille en permanence sur mon personal branding. Je travaille pour mes clients, je gère les équipes et je travaille aussi l'aspect commercial en générant de nouveaux leads et clients.

Quels outils utilisez-vous ?

Hannah : Trello, Canva et Slack. Et, bien sûr, il faut bien connaître les plateformes social media, notamment LinkedIn dans mon cas.

Conclusion

Un secteur en croissance et qui embauche

Le premier mot que nous retenons lorsque nous parlons du recrutement dans le monde du digital est : pénurie ! Sur la plupart des métiers évoqués, les entreprises ont en effet aujourd'hui des difficultés à trouver des profils solides.

Cela veut donc dire qu'il y a de nombreuses opportunités pour celles et ceux que le sujet intéresse. Nous sommes sur des typologies de métiers souvent nouvelles et pour lesquelles, avec un minimum de formation et d'expertise, vous êtes sûr de trouver rapidement, avec un niveau de salaire de départ qui varie selon la fonction.

Par ailleurs, le secteur offre des opportunités pour tous, avec une diversité de postes qui garantit une chance pour les profils les plus analytiques comme pour les candidats les plus créatifs.

Cela requiert évidemment un minimum d'affinités avec les nouvelles technologies, d'un point de vue de son usage personnel mais également de la compréhension de l'impact qu'elles ont et vont avoir dans la société. En revanche, il ne faut pas perdre de vue les objectifs finaux de son poste car le digital est avant tout un moyen plus qu'une fin.

Enfin, le digital touche de plus en plus toutes les couches de l'activité de notre société et les métiers que nous décrivons dans ce livre peuvent désormais être exercés dans tous les secteurs, de la mode à l'agriculture, en passant par l'automobile ou la pharma. Vous aurez la possibilité de combiner le métier que vous choisissez avec le secteur qui vous attire le plus.

Des changements permanents, des opportunités pour tous

Certains des métiers que nous avons listés dans cet ouvrage n'existaient pas il y a 5 ans et certains n'existeront plus, en tout cas en tant que tel, dans 5 ans.

La plupart de ces métiers continue d'évoluer en permanence, ce qui garantit des opportunités pour les plus curieux et motivés. Les développeurs pourront toujours s'ouvrir aux prochains langages de développement ou aux nouvelles méthodes agiles à venir. Les sales managers vont devoir intégrer le digital de façon croissante pour augmenter le nombre de leads sur lesquels ils vont pouvoir travailler.

Ceci veut aussi dire qu'il faut bien se renseigner sur le quotidien d'une fonction et ses possibles évolutions, qui peuvent à terme ne pas correspondre à quelque chose que vous voulez faire.

Si cela arrive, il sera toujours temps de vous orienter vers un autre de ces métiers, mais mieux vaut essayer de comprendre avant vers quoi vous pouvez évoluer.

Selon nous, il existe en effet des ponts assez naturels entre certaines fonctions pour qui voudrait se réorienter après quelques années. Ainsi, il n'est pas rare de voir un content producer prendre des responsabilités de community manager ou un développeur s'orienter vers un rôle de product owner.

L'autre point intéressant que l'on peut noter est que certains de ces métiers sont des métiers « *globaux* » qui se développent autour de communautés « *globales* », ce qui rend la mobilité internationale plus facile.

Le métier de développeur peut ainsi être exercé n'importe où sur la planète sur la base de langages universels - JavaScript, PHP ou autres. Même chose pour un spécialiste UX. Ceci rend la maîtrise de l'anglais encore plus importante. En revanche, cela peut être potentiellement moins vrai pour un community manager dont l'activité est souvent liée à la maîtrise de la langue locale ou d'un sales manager dont le métier tourne autour du réseau qu'il s'est créé dans la région dans laquelle il exerce.

Ce que disent les acteurs du marché

Nous avons noté, à travers les interviews que nous avons menées, un ensemble de tendances qu'il nous paraît intéressant de souligner ici :

- **L'amour du métier**. Cela nous aurait presque surpris mais les répondants sont apparus généralement enthousiastes dans la description de leur métier. On peut parfois ressentir une passion pour la fonction exercée qui peut être liée à différentes raisons évoquées par les professionnels : la flexibilité liée à la possibilité de travailler à distance, l'adrénaline générée par la fonction elle-même (ex : sales manager), les interlocuteurs quotidiens et variés, la proximité avec la technologie qui vous fait ressentir que vous êtes au cœur des innovations de notre société ou encore le fait que le métier soit récent, en constante évolution et que tout reste à inventer et à apprendre.

- La plupart des personnes interviewées pensent que **l'I.A. et l'automatisation vont impacter leur métier à très court terme** : les sales managers dont les leads vont de plus en plus venir de la sales automation, les acquisition managers qui pensent progressivement passer plus de temps sur la stratégie et moins sur la gestion de campagnes qui sont déjà en grande partie faites par les outils. Certains y voient cependant des limites, tels les recruteurs qui, malgré les outils existants qui vont continuer à s'améliorer, pensent que l'humain restera au centre de leur métier. La partie analytics semble toujours nécessiter le sens critique des humains. L'automatisation gagnera sans doute encore en maturité en prenant en compte la maintenance ou le temps passé à construire et programmer les mises à jour.

- **Plus d'indépendance via le mouvement du freelance**. Aussi appelé travailleur indépendant ou contractor dans certains marchés, cette tendance va prendre de plus en plus d'ampleur. Les outils pour travailler à distance sont déjà là, la mentalité dans les plus grands groupes (qui sont les clients de ces travailleurs indépendants) et leurs réglementations sont en train de s'adapter. Certains métiers que nous avons exposés sont déjà souvent exercés par des personnes qui travaillent en indépendant (les graphic designers ou les développeurs par exemple). Cela s'inscrit également dans l'évolution plus générale du marché du travail avec l'adoption croissante du télétravail et de nouveaux modes de vie.

Lexique

A/B testing
Scénarii de tests sur différentes versions avec un élément différenciant pour valider le meilleur résultat.

Agile / Scrum
Méthode de développement technique itérative qui permet aux structures agiles types start-up de lancer des nouvelles fonctionnalités sur des cycles courts, sur quelques semaines au lieu de 6 mois par exemple.

API (Application Programming Interface)
Connecteur qui permet d'échanger des informations entre 2 systèmes ou plateformes.

BA (Business Angels)
Parmi les premiers investisseurs dans une start-up sur des montants allant de quelques dizaines à quelques centaines de milliers d'euros (avant une première levée, ou Tour A, pouvant aller jusqu'à quelques millions d'euros).

CDP (Customer Data Platform)
Outil permettant de collecter, stocker et activer l'ensemble des data qu'une société peut générer, principalement via les interactions clients.

Churn
Dans toute activité, le churn (taux d'attrition en français) est le taux des clients qui vous quittent, à l'opposé du taux de renouvellement.

Design thinking
Le design thinking est un processus d'innovation qui se démarque de processus linéaires. Il s'inspire de la méthode des designers, prône la créativité, la recherche de solutions en explorant des concepts sociaux qui vont au-delà de l'aspect purement technologique et la collaboration entre équipes.

Display
Format de publicité web classique tels que les bannières, pavés, en opposition à des formats textes ou vidéos.

Health score
Système de scoring utilisé pour évaluer la qualité des relations et du potentiel de ses clients.

KPI (Key Performance Indicator)
Donnée qui permet de mesurer la performance d'un dispositif.

IoT (Internet of Things)
Terme utilisé pour parler de l'internet des objets, soit la capacité de connecter désormais tous les objets du quotidien.

Licorne
Entreprise des nouvelles technologies, encore indépendante (pas encore introduite en bourse ou rachetée par un plus grand groupe) valorisée à 1 milliard de dollars ou plus.

M&A (Merger & Acquisition)
On regroupe sous ce terme toute opération de vente d'une société. Elle peut être partielle, comme pour une levée de fonds par exemple, ou totale. On parle de conseil M&A ou banque d'investissement pour les sociétés spécialisées dans ces opérations. L'équivalent français est fusion-acquisition, ou Fusac.

NPS (Net Promoter Score)
Méthode de mesure de la satisfaction perçue d'une marque par ses clients, développée au début des années 2000, notamment par le cabinet de conseil Bain & Cie.

RGPD (Règlement Général sur la Protection des Données)
Règlement européen mis en place à partir de 2018 qui réglemente l'utilisation des données personnelles. Le California Privacy Act est ce qui s'en rapproche le plus aux États-Unis.

SaaS (Software As A Service)
Plus largement utilisé pour décrire le business de la vente d'outils dans le cloud (en opposition aux logiciels embarqués) basé sur des licences utilisateur mensuelles ou annuelles.

SEA (Search Engine Advertising)
Regroupe l'ensemble des stratégies qui permettent de bien cibler ses audiences sur les résultats de recherche via des campagnes payantes, sur Google Ads par exemple.

SEO (Search Engine Optimization)
Regroupe l'ensemble des stratégies qui permettent aux marques de bien se positionner naturellement sur les résultats des moteurs de recherche.

Soft skills
Les soft skills sont l'ensemble des qualités non liées à l'expertise d'un poste comme la maîtrise d'une langue, l'esprit d'équipe, etc. En opposition aux hard skills.

VC (Venture Capital)
Les VCs sont les fonds qui investissent dans les start-up avec un risque élevé mais aussi un retour sur investissement potentiellement plus important que les fonds qui investissent sur des business plus établis.

Liste des interviewés

Nom	Métier	Entreprise	Lieu
Jose Manuel Martin Sanchez	CRM manager	Fnac	Madrid, Espagne
David Martin	CRM manager	Cabify	Madrid, Espagne
Laura Delange	Chef de projet	AccorHotels	Paris, France
Solana Dominguez	Chef de projet	Cognizant	Buenos Aires, Argentine
Carolina Nishino	Chef de projet	MediaMonks	São Paulo, Brésil
Carlo Mobrack	Chef de projet	IBM	Paris, France
Georgia Ingram	Community manager	Debenhams	Londres, UK
Ariel Cruz Pizzaro	Community manager	Freelance	Santiago, Chili
Javier del Campo	Community manager	WWW Digital	Madrid, Espagne
Jean-Baptiste Trahin	Growth marketer	Adobe	San Francisco, USA
James Arnall	Growth marketer	Perkbox	Londres, UK
Brice Maurin	Growth marketer	Deux.io	Paris, France
Omar Odino	Chief digital officer	Design group	Milan, Italie
Waël Benkerrour	Chief digital officer	Galeries Lafayette	Shanghai, Chine
Takuji Kawamura	Customer success manager	Hubspot	Tokyo, Japon
Stefania Fussi	Customer success manager	Yext	Milan, Italie
Nicolas Fatout	Customer success manager	Adform	Paris, France
Cécile Eskenazi	Product owner	Facebook	Menlo Park, USA
Malick Ndiaye	Product owner	Knockout Gaming	Malaga, Espagne

Nom	Métier	Entreprise	Lieu
Marine Suttle	Product owner	The Boxoffice Company	Los Angeles, USA
John Knipper	Pre-sales manager	Gracenote	Berlin, Allemagne
Brandon DeLap	Pre-sales manager	Catchpoint	Los Angeles, USA
Arun Ravuni	Développeur	EditPlace	Bangalore, Inde
Ruslan Bulatov	Développeur	Noveo	Saint-Pétersbourg, Russie
Olivier Meyer	Développeur	Adobe	Paris, France
Guillaume Martin	Planneur stratégique	BETC	Paris, France
Federico Mancin	Planneur stratégique	The Big Now	Milan, Italie
Lesly Couty	Planneur stratégique	Ogilvy	Francfort, Allemagne
Daniel Kwintner	Planneur stratéigique	Sopexa	Tokyo, Japon
Cristina Adonizio	Graphic designer	Freelance	Rome, Italie
Aurélien Foutoyet	Graphic designer	Freelance	Paris, France
Anouk Szabo	Graphic designer	ASUS	Amsterdam, Pays-Bas
Giovanna Gallo	Content producer	Freelance	Turin, Italie
Omran Omaid	Content producer	Shopify	Toronto, Canada
Francesca Nicasio	Content producer	Vend	Los Angeles, USA
Cristina Padilla	Acquisition manager	Babbel	Berlin, Allemagne
Andrea Gonzalez	Acquisition manager	Go-to Skincare	Sydney, Australie
Mirela Cialai	Acquisition manager	Zinio	New York, USA
Nathan Davies	Recruteur	Marketing Moves	Londres, UK
James Pounder	Recruteur	Michael Page	Tokyo, Japon
Christine Metailler	Recruteur	Talent.io	Paris, France
Élise de Saint-Didier	Recruteur	Executive Search Digital	Los Angeles, USA

Nom	Métier	Entreprise	Lieu
Vinoth Jayakumar	Investisseur	Draper Esprit	Londres, UK
Virginie Lazès	Investisseur	N/A	Paris, France
Alex Lazarow	Investisseur	Cathay Capital	San Francisco, USA
Juraj Vojnik	UX manager	BCG	Los Angeles, USA
Mischa Weiss-Lijn	UX manager	Google	Londres, UK
Debbie Yang	UX manager	SAP	Shanghai, Chine
Thea Backlar	Data scientist	Ogury	Paris, France
Nicolò Musmeci	Data scientist	Aviva	Londres, UK
Pawel Goralczyk	Data scientist	Deliveroo	Londres, UK
Jane Sanderson	SEO manager	DAC	Toronto, Canada
Elissaveta Tcholakova	SEO manager	Zalando	Berlin, Allemagne
Aneel Badyal	SEO manager	Saatchi & Saatchi	Toronto, Canada
Jessica Lim	Sales manager	RTB house	Singapour
Ludovic Thevelin	Sales manager	Google	New York, USA
Patrick Amelson	Sales manager	Xperi	Munich, Allemagne
Estelle Durguerian	Influenceur	Obviously	Paris, France
Igee Okafor	Influenceur	Bond Official	New York, USA
Hannah Power	Influenceur	Powerful leaders	Londres, UK

Origine des interviewés

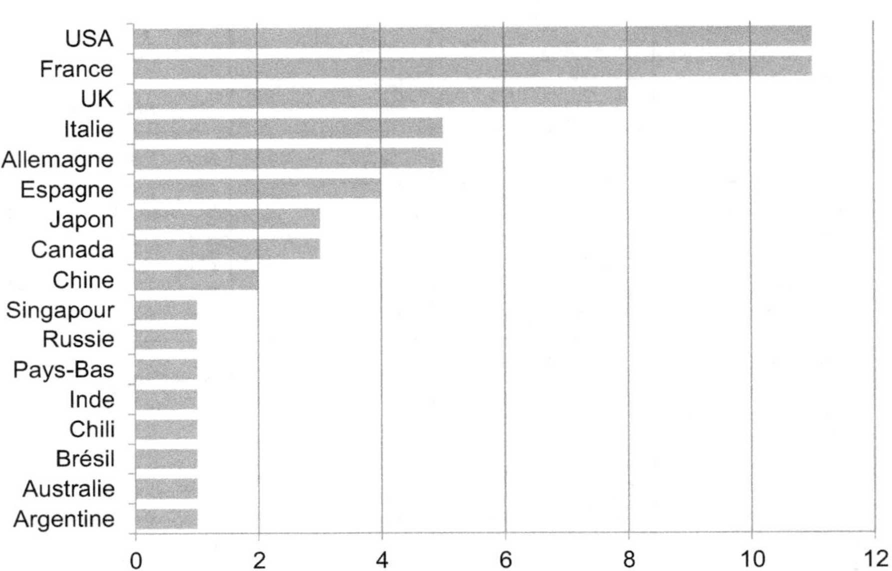

Interviews par continent

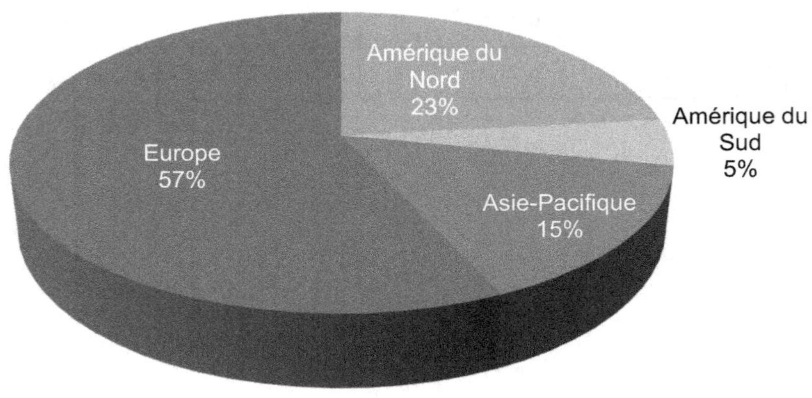

Liste des outils et services cités

Ce tableau liste les outils et logiciels utilisés par les interviewés dans leur métier. En italique, les outils mentionnés mais qui n'apparaissent pas dans la version finale, éditée pour plus de clarté. Les outils les plus évidents (e-mail, etc.) n'y figurent pas.

CRM manager	Braze, Eloqua, Google Analytics, Microstrategy, Neolane, Oracle BI, Salesforce, Tableau, Trello
Chef de projet	Adobe Experience manager, Adobe Photoshop, Asana, BaseCamp, Figma, Microsoft Word, Excel, Powerpoint, Post-it, Sketch, *TeamGantt*, Wise
Community manager	Asana, Hootsuite, Slack
Product owner	Adobe Campaign, *Confluence*, Google Analytics, InVision, *Figma*, Jira, Mailchimp, Mailjet, *Roadmunk*, Salesforce, Sketch, *Survey Monkey*, Trello, *Usertesting.com*, Wordpress, Zendesk
Développeur	Adobe XD and Creative Suite, Angular, BabelJS, Boostrap, CGP, CSS3, Developer Tools plugin for Chrome, Docker, Git, Gitlab, Gulp.js, HTML5, IntelliJ, Laravel, Less, Linux, Node.js, React.js, React Spectrum, Redux, Terminal, Unittest, Vuejs, Webpack, Zend
Planneur stratégique	Keynote, Powerpoint
Graphic designer	Illustrator, InVision, Photoshop, Sketch
Content producer	Adobe Premiere Pro, Adobe Visual Effects, *Ahrefs*, Asana, *Mangools*, *SEMRush*, Trello, Wordpress
Acquisition manager	Adjust, Amplitude, Apple Search Ads, Bing Ads, Data Studio, Microsoft Excel, Google Ads, Google Analytics, *Facebook Ads manager*, *Klaviyo*, Outfit, Visual Website Optimiser, *Yotpo*
Recruteur	Crelate, LinkedIn
Investisseur	Crunchbase, Powerpoint
UX manager	Axure, Microsoft Office, Photoshop
Data scientist	Fastai, Keras, Python, R, SQL
SEO manager	Google Ads, Google Analytics, Google My Business, Google Search Console, moz.com, *Squarespace*, *Wordpress*
Influenceur	Canva, Trello, Slack

REMERCIEMENTS

Nos remerciements vont à l'ensemble des personnes qui ont contribué à ce livre, en particulier toutes celles qui ont pris le temps de répondre à nos demandes d'interviews.

Nous remercions également Sophie Viger, David Honig, et Carolina Milanesi pour leur contribution et leur vision du marché.

Merci à Céline Bouchez pour avoir créé cette couverture qui représente parfaitement l'identité du livre.

Merci enfin à nos proches, amis et collègues qui nous ont conseillés et accompagnés pendant ces 18 mois de conception et rédaction du livre.